PHILIPPE KOURILSKY

LE MANIFESTE DE L'ALTRUISME

Odile Jacob

15, rue Soufflot, 75005 Paris

www.odilejacob.fr

ISBN : 978-2-7381-2639-9

À Antoine, Nicolas, Raphaël,
Aurélia et Alexandre.

Avertissement

En rédigeant ce manifeste, je me suis éloigné – comme dans mon ouvrage précédent, *Le Temps de l'altruisme,* dont cet essai est le prolongement – de mes compétences scientifiques. Ni économiste, ni philosophe, ni sociologue, j'ai pourtant été conduit par le cheminement de la pensée et du raisonnement à m'aventurer en autodidacte à la lisière de ces vastes domaines. J'ai voulu structurer ma réflexion – ce en quoi la méthode scientifique que je pratique dans mon métier de biologiste m'a aidé – au point d'en organiser les éléments dans un édifice théorique. Je l'ai placé dans la quatrième et dernière partie, afin de le séparer des exemples, interprétations et opinions que j'avance dans les chapitres précédents.

Ma réflexion a été influencée par un certain nombre d'auteurs importants, dont Amartya Sen. Je les cite abondamment, sans rendre compte, loin s'en faut, de l'étendue et de la profondeur de leur pensée. Je ne peux que recommander tout particulièrement la lecture de leurs ouvrages. J'ai aussi fait le choix de puiser beaucoup d'informations dans le *Dictionnaire d'éthique et de philosophie morale* publié sous la direction de Monique Canto-Sperber, ainsi que dans deux encyclopédies disponibles en libre accès sur Internet, la Stanford Encyclopedia of Philosophy et Wikipédia. Faisant appel à des sources secondaires, j'ai pris soin de les croiser. En consultant Wikipédia, j'ai aussi voulu évaluer la qualité de cette encyclopédie d'un nouveau type et justifier le jugement positif que je porte à son sujet au chapitre 8. Dans les champs que j'ai analysés, l'information fournie est le plus souvent de bonne qualité et, lorsqu'elle est insuffisante, c'est en général par incomplétude plutôt que par inexactitude (les articles en anglais étant souvent plus fournis que ceux en français). Mes choix bibliographiques sont cohérents avec l'une des conclusions de mon ouvrage. Je prétends en effet que l'accès à des sources généralistes doit permettre à l'homme de la rue de se forger un point de vue personnel robuste. C'est exactement ce que j'ai cherché à faire dans cet essai.

INTRODUCTION

Les difficultés du monde nous concernent tous

« L'HOMME EST NÉ LIBRE, ET PARTOUT IL EST DANS LES FERS[1]. »

Un quart de l'humanité vit dans une misère profonde. Un milliard et demi environ d'hommes, de femmes et d'enfants disposent à peine d'un toit, subsistent dans des conditions d'hygiène invraisemblables, connaissent la faim et parfois en meurent ou encore souffrent de graves maladies qui pourraient être prévenues ou guéries. Ils sont nombreux dans les pays pauvres, mais il s'en faut de beaucoup que la situation des démunis dans les pays riches soit partout acceptable. En outre, il ne s'agit, en langage technocratique, que du « stock ». Il faut encore considérer le « flux ». Un demi-milliard environ d'êtres humains supplémentaires par décennie jusqu'en 2050 : voilà ce que les démographes nous promettent[2]. Combien de futurs miséreux parmi eux ? Combien de futurs morts de faim avant même d'être nés ? Est-ce cela, naître libre ?

Face à cette effarante injustice, beaucoup détournent le regard, mais beaucoup s'en indignent et agissent. Pourquoi la situation perdure-t-elle ? Pourquoi les huit Objectifs du Millénaire pour le développement[3], justement mis en place par les Nations unies en 2000 et supposés éradiquer la pauvreté en 2015, sont-ils loin d'être remplis ? Pourquoi le nombre de ceux qui souffrent gravement de la faim reste-t-il, année après année, proche du milliard de personnes ? Pourquoi deux milliards et demi de personnes manquent-elles encore d'installations sanitaires ? Des progrès sont accomplis, sur le terrain de la vaccination par exemple[4] ; ils sont cependant insuffisants et risquent de l'être plus encore avec l'accroissement démographique. Pourquoi ne parvient-on pas collectivement à régler ce problème ?

Une autre question, plus récente que celle de la pauvreté, se pose désormais de façon pressante. C'est celle de l'état de la planète, dont la finitude est désormais reconnue et dont la surexploitation commence à soulever de sérieux problèmes. Ainsi, il faut faire face à la limitation des ressources naturelles, énergétiques et alimentaires, et contrôler les pollutions, y compris celles produites par les gaz à effet de serre. Il va bien falloir s'arranger du réchauffement climatique et de son cortège de conséquences délétères. Bien évidemment, l'arrivée sur Terre de deux milliards et demi d'humains supplémentaires en quarante ans accroît l'acuité des problèmes. Pauvreté, démographie, état de la planète : en perspective, la combinaison est explosive. Comment croire à des transitions harmonieuses plutôt que chaotiques, alors que l'on n'a pas réussi à régler le seul problème de la pauvreté ? Le rééquilibrage du monde va-t-il s'effectuer sous le seul empire des rapports de force, avec les probables violences qui les accompagnent ?

Il faut regarder la réalité en face, analyser la situation, réfléchir, trouver des solutions et reprendre l'action au plus vite.

Deux éléments d'analyse sont immédiatement évidents.

En premier lieu, les problématiques humanitaire et planétaire ne peuvent être dissociées. Tout d'abord, parce qu'elles se chevauchent sur plusieurs points majeurs (comme celui des déplacements de populations liés à la modification des zones arides ou à l'inondation de terres côtières). Ensuite, parce que, si on ne les traite pas comme un tout, elles se trouveront mécaniquement en compétition l'une avec l'autre, ce qui conduira à d'impossibles arbitrages. Par conséquent, nous faisons face à deux questions globales si peu séparables qu'elles n'en constituent qu'une seule. Au fond, le véritable problème, qui les englobe toutes deux, est de trouver et de mettre en place des mécanismes mondiaux et des ressources permettant de gérer de façon pacifique et consensuelle les questions planétaires.

C'est précisément là que réside le second élément d'analyse. Parce que ces problèmes sont globaux, il sera bien difficile de les traiter pacifiquement si les solutions ne réunissent pas l'accord du plus grand nombre. Par conséquent, ils devront être gérés avec une équité, une justice et une certaine forme de morale collective dont on a trop rarement vu les effets jusqu'à présent. Par exemple, la révolution industrielle a pris naissance en Europe et s'est ensuite développée en Amérique du Nord, puis au Japon. Européens, Américains et Japonais en ont considérablement profité, mais ont aussi, en émettant de grandes quantités de gaz à effet de serre, beaucoup contribué au réchauffement de la planète. Les autres pays, et notamment les grands pays émergents, considèrent que les nations aujourd'hui riches ont une dette historique envers la collectivité mondiale et qu'elles doivent s'en acquitter dans la résolution du problème climatique, au-delà même de leur contribution actuelle en termes d'émissions.

À l'échelle mondiale, le réalisme devrait donc rejoindre la morale. L'un et l'autre voudraient que les plus favorisés aient conscience qu'ils le sont et agissent de telle sorte que le sort des moins favorisés s'améliore. Or la partie la plus riche du monde, aujourd'hui largement représentée par les nations occidentales, est en crise. Elle doit s'adapter à l'émergence des grandes puissances non occidentales, particulièrement en Asie, avec leur emprise croissante sur les ressources et les pollutions planétaires, l'économie mondiale et la politique internationale. Elle est aussi frappée par les dérives d'un ultralibéralisme qu'elle a elle-même engendré. Au total, la conjoncture n'est pas très favorable. En somme, les plus riches seraient tenus de faire un effort accru alors qu'ils sont un peu moins riches, et ceux qui commencent tout juste à s'enrichir seraient mis en demeure d'abandonner une partie de ce qu'ils commencent tout juste à gagner. De quelque côté que l'on prenne le problème, la responsabilité de l'Occident est totalement engagée : parce qu'il concentre aujourd'hui la plus grosse partie des richesses économiques du monde ; parce que, plus que tous les autres, il a exploité les ressources de la planète et en a bénéficié ; parce qu'il a été le berceau du système politique démocratique dont il prétend être et voudrait rester le modèle.

LA MALADIE DU LIBÉRALISME EN OCCIDENT

Face à cette responsabilité, le monde occidental paraît quelque peu déboussolé. Il semble avoir perdu une partie de ses repères. Cela se manifeste de multiples manières. Par exemple, des progrès majeurs ont été accomplis de façon évidente dans les pays développés. L'allongement moyen de l'âge de la vie en fournit une démonstration emblématique. Pourtant, l'idée même de progrès est battue en brèche. Sans doute faut-il la repenser. Mais voila que tout aléa est systématiquement transformé en drame. Nous baignons dans le catastrophisme. On nous annonce régulièrement la fin du monde, ou celle de la science, ou celle de l'histoire. Ces proclamations spectaculaires ont valeur d'alerte, ce qui n'est pas négligeable. Par rapport à quels repères la catastrophe est-elle décrétée, dans l'oubli ou la négation des évolutions positives qui ne manquent pas non plus ?

Cet égarement a été amplifié par la crise financière de 2008[5]. Lorsque celle-ci s'est propagée dans l'économie réelle, nombreux sont ceux dont la situation personnelle a été sévèrement dégradée. Au-delà, beaucoup ont commencé à s'inquiéter de ce que l'avenir réservera à leurs enfants, de l'évolution de leur pays dans un monde en plein changement, comme de l'avenir de la planète. Beaucoup ont été écœurés par l'étalage impudique, voire arrogant, d'inégalités de traitements, de gains démesurés, des excès d'un capitalisme dérégulé qui fait rêver quelques-uns et révulse la plupart des autres. La crise, dans beaucoup de pays occidentaux, dont la France, même si elle y a été de moindre importance que dans certains autres, a contribué à déstructurer plus encore le discours politique. Les partis politiques de droite comme de gauche peinent à exprimer leurs différences de fond sans tomber dans la démagogie et faire appel à l'affectif. Trop de débats politiques tournent à la chicane. Ils donnent à des citoyens de moins en moins intéressés l'image de luttes de clans plutôt que de discussions sur des programmes réfléchis. On est donc forcément en désaccord sur presque tout. En France, il n'est quasiment pas de sujet ou de réforme essentiels pour la nation, par exemple sur l'éducation, qui rassemble le consensus politique souhaitable qu'attend pourtant l'homme de la rue.

Il est remarquable que les pays les plus riches du monde soient tous, à des degrés divers, atteints par une série de problèmes, une difficulté à les penser et une quasi-impossibilité à les résoudre qui relèvent de la pathologie. Or tous se sont développés sous l'enseigne du libéralisme politique et économique. Se pourrait-il que le malaise actuel du monde occidental soit lié à la pratique contemporaine du libéralisme ? Le libéralisme, à l'origine, est la philosophie politique de la liberté. Aujourd'hui, le terme de libéralisme recouvre une famille de théories politiques distinctes et parfois contradictoires dont l'arborescence s'est développée au cours des deux derniers siècles dans l'histoire des nations[6]. De plus, il est culturellement connoté. Ici, comme aux États-Unis, les libéraux sont considérés comme étant à gauche. Là, comme en France, on les situe plutôt à droite.

En réalité, le libéralisme est parcouru par deux grands clivages qui concernent, l'un, la place de l'État, et l'autre, celle de l'économie[7]. Le « libéralisme classique » de l'époque des Lumières affirme la liberté des individus, mais des divergences profondes sont rapidement apparues sur l'étendue des responsabilités qu'il était légitime d'attribuer à l'État. À travers le « libéralisme économique », la théorie économique a pris son autonomie. Ce faisant, elle s'est distanciée de la philosophie politique initiale, tout en cherchant à minimiser la place de l'État. L'« ultralibéralisme » est un avatar contemporain du libéralisme économique. La théorie économique s'y est taillée le statut de philosophie politique. La dérégulation économique y est érigée en principe dominant la politique elle-même. Elle prône donc la limitation maximale du rôle de l'État et des services publics gérés par celui-ci, et ce, prétendument afin d'optimiser la liberté de chacun et l'efficacité économique, censée contribuer au bonheur de tous. La diversité des systèmes et pratiques politiques et économiques rassemblés sous le vocable de libéralisme est donc considérable. D'autres philosophies politiques, héritées du socialisme, ont aussi leur mot à dire dans le fonctionnement de nombreuses démocraties occidentales[8].

Comment prétendre identifier une source commune à toutes les difficultés que celles-ci ne parviennent pas à résoudre ? Serait-ce un projet absurde ? Je répondrai que tous ces courants de pensée, quels qu'ils soient, se fondent d'une manière ou d'une autre sur une certaine idée de la *liberté*. Serait-ce donc l'idée de liberté qui comporterait un vice caché ? Voilà une interrogation d'une exceptionnelle gravité. C'est elle qui fournit le point de départ de cet essai qui repose sur le rapport entre les notions de liberté et d'altruisme

Ma thèse est qu'il existe bel et bien une faille d'ordre moral dans l'idée de liberté, parce que *la liberté est trop souvent comprise comme un droit sans qu'aucun devoir individuel ne lui soit associé*. J'ai montré dans mon précédent ouvrage[9] que ce devoir est un devoir d'altruisme (que j'appellerai désormais, pour les raisons données plus loin, devoir d'*altruité*). Je prétends que cette faille dans l'idée de liberté est la cause profonde de la fracture que l'on observe dans le libéralisme contemporain, parce qu'elle se traduit dans la réalité par un défaut, de plus en plus manifeste, de *justice*. Là se trouve la source du mal, et c'est là qu'il faut porter la réflexion pour dégager des solutions.

Celles que je propose prennent racine dans l'unique proposition qui constitue l'âme de ce manifeste : *il nous faut faire le choix de l'altruisme.* Ce choix délibéré est individuel autant que collectif. Pour examiner les conditions de l'engagement qui est ainsi demandé et en tirer des conséquences pratiques, j'explore deux voies. L'une fait intervenir une méthode de réflexion individuelle destinée à mieux fonder les prises de position personnelles qui prennent en compte le devoir d'altruité. La seconde étudie les conditions collectives d'une meilleure prise en compte de l'altruité dans les affaires publiques, en vue d'améliorer la justice sociale.

Cet essai est lié à la conjoncture des années 2010 dans la mesure où il est jalonné d'exemples tirés de cette période. Il a néanmoins l'ambition d'ouvrir une perspective de plus long terme. Il esquisse les fondements d'une philosophie politique libérale amendée, le « libéralisme altruiste », qui sont décrits dans la dernière partie de ce livre.

Le caractère général des considérations qui précèdent ne doit pas occulter le fait que nous sommes tous impliqués. En France, et dans d'autres pays riches, on peut être tenté de croire que les problèmes qui se posent à l'extérieur de nos frontières ne nous concernent guère. La priorité serait de régler d'abord nos « propres » problèmes. C'est ce qu'illustre régulièrement le débat politique – laissant au passage une bonne partie de l'action internationale du pays en dehors du champ de la démocratie. Dans ce climat d'égocentrisme national, le citoyen sous-estime souvent les interdépendances considérables auxquelles son pays et lui-même sont soumis. Il n'aperçoit pas non plus à quel point le développement local des injustices et des inégalités (l'un de nos « propres » problèmes les plus criants) répond en général aux mêmes principes économiques et moraux qui règlent ces mêmes injustices et ces mêmes inégalités à l'échelle du monde. Ce n'est pas parce que des problèmes globaux nous apparaissent lointains qu'ils ne nous impliquent pas, et de multiples manières : devant les difficultés du monde, chacun de nous est bel et bien concerné.

PREMIÈRE PARTIE

Le vice caché du libéralisme

CHAPITRE 1

Altruisme, altruité, générosité et fraternité

ALTRUISME ET ALTRUITÉ

Dans mon précédent ouvrage[1], j'ai défini l'altruisme comme « engagement délibéré à agir pour la liberté des autres ». J'ai montré que, si la liberté est un droit fondamental de l'homme, un devoir lui est associé : c'est le devoir d'altruisme. En raccourci, l'altruisme est le devoir de la liberté. Le cheminement qui conduit à cette proposition essentielle pour la suite de ce livre est repris et développé dans la quatrième partie.

Pour plus de précision, j'ai choisi d'introduire le terme d'altruité, et de remplacer le « devoir d'altruisme » par le « devoir d'altruité ». Pourquoi ? Parce que j'ai constaté à l'usage que la définition très spécifique et strictement rationnelle de l'altruisme que j'ai donnée dans mon ouvrage précédent restait source de confusion : beaucoup continuaient à faire référence aux sens plus habituels et plus larges de ce mot. De plus, dans ses acceptions ordinaires, l'altruisme renvoie à des considérations étrangères à la raison. Or non seulement celles-ci sont parfaitement légitimes, mais il me faudra les introduire dans la discussion du libéralisme qui va suivre. La raison n'est pas le tout de l'homme. Celui-ci n'est pas seulement ni toujours être de raison. Les sentiments, les passions, l'inconscient comptent tout autant. Il faut prendre en considération ce qui nous caractérise en tant qu'hommes et le lien humain qui nous unit. Cet ouvrage en témoigne. Il est autant un cri du cœur qu'un cri de la raison, même si celle-ci est constamment mise en exergue.

C'est à Auguste Comte qu'est attribuée l'invention du mot « altruisme » dans les années 1850[2]. L'altruisme était pour lui une forme d'amour à la fois instinctif et réfléchi pour l'autre, exprimé dans des devises telles que « agir par affection » ou « vivre pour autrui ». Les affections altruistes étant – selon Comte – les seules qui soient par nature désintéressées, la morale pouvait se fonder sur le sentiment. Sorte de « religion de la gentillesse[3] », cette thèse eut à l'époque un certain impact mais elle est aujourd'hui largement tombée dans l'oubli. Cependant, les définitions des dictionnaires en conservent la trace. Pour le Larousse, l'altruisme est « amour désintéressé d'autrui » et, pour le Robert, « disposition à s'intéresser et à se dévouer à autrui ». Les réflexions sur l'altruisme ont historiquement précédé l'invention du terme, l'idée d'altruisme étant souvent conçue à partir de son contraire présumé : l'égoïsme. On admet souvent que l'altruisme implique à la fois des motivations particulières, dont l'amour et les sentiments peuvent faire partie, et une efficacité dans l'action qui en résulte. L'empathie et la sympathie, comme la bienveillance et la bienfaisance, s'en distinguent, parce qu'elles signifient une préoccupation pour le bien d'autrui sans trop se soucier de l'action qui concrétise l'intention, ou bien parce qu'elles visent le résultat sans que la motivation soit de nature altruiste : un acte de bienfaisance peut se fonder sur une attitude égoïste.

Un inventaire des définitions de l'altruisme en livre une douzaine[4]. La seule catégorie de l'altruisme rationnel en contient plusieurs, dont certaines sont fondées en logique sur l'attente de réciprocité du don[5]. D'autres catégories font place au sentiment. Au total, la notion d'altruisme laisse ouvertes plusieurs questions. L'altruisme est-il, ou n'est-il pas, la simple absence d'égoïsme ? Un acte non égoïste visant le bien d'autrui (comme de payer l'impôt) n'est pas forcément altruiste, mais où place-t-on la frontière vis-à-vis de l'intention altruiste ? L'altruisme implique-t-il le dévouement ? Recouvre-t-il nécessairement un certain oubli de soi, une prise de risque, voire une forme de sacrifice personnel[6] ? Quels sont les contextes dans lesquels l'altruisme peut s'exercer ? Est-on altruiste dans le cadre familial ? Aider un proche relève-t-il de l'altruisme ?

La plupart des gens ne s'attachent pas à tel ou tel sens particulier du terme. Ils lui attribuent la signification la plus générale, qui englobe toutes les autres, celle d'une attention et d'une intention positives dirigées vers autrui. C'est bien le sens le plus large et le plus commun, qui laisse place au sentiment aussi bien qu'à la raison, à l'amour d'autrui aussi bien qu'au devoir envers autrui, au dévouement aussi bien qu'à l'exécution raisonnée de ce devoir[7]. On voit à quel point cette définition élargie est distincte de l'altruité, entendue comme complément obligatoire de la liberté.

ALTRUITÉ ET ALTRUISME BIOLOGIQUE

L'altruité doit encore être différenciée de l'altruisme biologique, dont Charles Darwin avait eu l'intuition. Dans *La Descendance de l'homme et la sélection sexuelle* (1871), il s'était demandé si la sélection naturelle pouvait opérer sur des groupes d'êtres vivants d'une même espèce présentant des comportements coopératifs, et non seulement sur des individus isolés. De tels comportements ont bien été observés dans tous les règnes du monde vivant, y compris chez les micro-organismes et chez les plantes. L'altruisme biologique, surtout analysé chez les fourmis, les abeilles, les vampires, les grands singes, etc., a donné lieu à une abondante littérature scientifique. Il est censé être inné, déterminé par des gènes, et opérer en dehors de toute conscience[8]. L'hypothèse selon laquelle il intervient dans la sélection naturelle de certaines espèces est crédible.

L'analyse de l'altruisme biologique chez l'homme relève de l'abus de langage. Ce que l'on étudie, ce sont des phénomènes, comme celui de la « contagion émotionnelle » et des comportements qualifiés d'altruistes qui souvent engagent la conscience du sujet et dont beaucoup sont rapportés au don et à l'attente du don réciproque. Les techniques de la psychologie expérimentale font largement appel à la théorie des jeux[9], et plus particulièrement à la figure commune du « dilemme du prisonnier[10] ». Il en existe de nombreuses variantes, dont certaines permettent d'évaluer les comportements définis comme altruistes d'individus au sein de petits groupes sociaux. De plus, on peut administrer à des volontaires des agents médicamenteux. Ainsi, l'inhalation d'ocytocine, un neurotransmetteur connu pour moduler l'attachement de la mère à l'enfant, conduit des adultes à faire preuve d'une coopération et d'un « altruisme de clan » accrus[11].

De telles observations sont suggestives mais faites dans des conditions expérimentales particulières. On ne doit pas les surinterpréter. Il serait très excessif d'en tirer des conclusions générales sur la détermination des comportements « altruistes » et « non altruistes » de l'homme – ou plus encore sur leur hypothétique variation au cours de l'évolution et sur l'avantage sélectif qu'ils auraient pu procurer à l'espèce humaine. Toutes les spéculations qui renvoient chez l'homme à la problématique de l'inné et de l'acquis doivent être reçues avec prudence. La tentation d'extrapoler et de prétendre que certains comportements humains sont soumis à un déterminisme dicté par les gènes est vivace. C'est exactement le type de généralisation indue qui a été utilisé pour faussement légitimer les discriminations raciales et la pratique de l'eugénisme.

L'altruité n'a rien à voir avec l'altruisme biologique. Si ce dernier est entendu comme opérant dans l'inné, en dehors du champ de toute conscience, il est totalement étranger à l'altruité, qui n'opère que dans celui-ci. En revanche, l'altruité n'est pas étrangère aux « comportements altruistes » analysés chez l'homme par les techniques de la psychologie expérimentale. Toutefois, les protocoles expérimentaux ont été conçus pour tester l'altruisme (souvent dans des conditions d'attente de don réciproque) et non l'altruité (qui est censée œuvrer en l'absence de celui-ci).

ALTRUITÉ ET GÉNÉROSITÉ

L'altruité est un devoir rationnel. Elle n'a donc rien à voir avec les sentiments et les passions. Elle ne les nie pas, ni ne les ignore. Elle leur est simplement étrangère. Comment, alors, qualifier ces autres dimensions du lien entre les hommes qui font que ceux-ci se constituent en société, et ce, d'une façon qui n'est pas que raisonnable ? Par quelles idées et par quels termes figurer ces dernières ? J'ai retenu deux notions que je vais successivement discuter :

celles de fraternité et de générosité. Elles n'épuisent pas le champ complémentaire de l'altruité dans la constitution du lien humain, mais elles l'éclairent.

Bien que les deux soient souvent confondues, il est important de distinguer clairement l'altruité de la générosité. La générosité résulte de mon bon vouloir. Lorsqu'elle est acte rationnel, elle appartient donc à la catégorie des droits et fait partie de mes libertés. Je suis libre d'être ou de ne pas être généreux. Je suis même doublement libre puisque j'ai le droit de choisir le destinataire de ma générosité : je peux décider de donner ou de ne pas donner de l'argent à un pauvre, à une œuvre de charité, etc. Comme acte sentimental, la générosité fait référence au lien humain, à l'empathie, à la sympathie, à la compassion et, dans une certaine mesure, à la fraternité. Qu'elle soit d'ordre rationnel ou affectif, la générosité est donc distincte de l'altruité puisqu'elle n'appartient pas à la catégorie des devoirs strictement rationnels.

La différence entre altruité et générosité peut être brouillée par l'idée que je me fais une obligation d'être généreux. Là résident précisément une ambiguïté et une forme de supercherie qui consistent à inscrire la générosité dans des obligations « secondaires » auxquelles je m'autorise de souscrire ou de ne pas souscrire – ce qui masque l'exercice de ma liberté. Si la générosité devient un devoir de plein exercice, elle se meut en altruité. C'est ce que préconisent certaines religions. Toutefois, l'impératif de générosité est alors dicté par la puissance divine. Il n'est d'ailleurs pas dépourvu de l'attente d'un don réciproque, puisqu'il est en général assorti d'une promesse de paradis. La générosité n'a pas cette signification dans l'espace laïc. Altruité et générosité sont donc bel et bien différentes. L'une ne peut être substituée à l'autre. L'existence d'un devoir d'altruité n'enlève rien à la liberté d'être généreux, et le fait d'être généreux n'exclut pas le devoir d'altruité. Les deux notions sont complémentaires, mais distinctes.

ALTRUITÉ ET FRATERNITÉ

L'idée de fraternité est forte et complexe. Au sens premier, elle renvoie à l'idée de famille, mais, de façon beaucoup plus large, elle évoque une communauté humaine soudée par des liens particuliers. Dans les deux cas, les rapports comportent une part d'affectivité. Ils recouvrent également un impératif moral et l'idée d'un pacte, souvent compris comme indissoluble s'il repose sur les liens du sang. Ainsi chargée d'une multiplicité de sens et d'interprétations, l'idée de fraternité véhicule forcément quelques ambiguïtés qu'il n'est pas inutile de souligner avant de discuter son rapport à l'altruité.

Tout d'abord, la fraternité devrait concerner aussi bien les femmes que les hommes. Cette remarque est loin d'être anodine lorsqu'on fait le constat des inégalités persistantes entre hommes et femmes au cours de l'histoire, et aujourd'hui encore dans de nombreuses sociétés – y compris très « évoluées », ou se prétendant telles, comme la société française. Une autre ambiguïté touche au rapport entre les notions de fraternité et de famille. Au sens littéral, la famille n'est pas un groupe social librement constitué au sein duquel il y aurait adéquation parfaite entre liberté et fraternité. La vie d'une famille est censée être harmonieuse. Or on sait bien qu'il peut s'y produire des conflits, notamment à propos des héritages matériels et immatériels, ou encore dans les préséances accordées aux uns, aux unes et aux autres. La famille peut donc être aussi un espace de tensions, et la fraternité représente, dans cette mesure, l'obligation de concilier justice et tolérance. Reste enfin la figure des parents, et notamment celle du père, qui dans beaucoup de sociétés est censé être le détenteur de l'autorité.

C'est pourquoi l'idée de fraternité n'a finalement rien de très universel. Surtout lorsqu'elle est appliquée à certains caractères de la vie en société, elle doit être pensée en fonction du contexte historique ou social dans lequel elle est utilisée. Par exemple, au-delà du « Salut et fraternité » qu'échangeaient les révolutionnaires français à la fin du XVIIIe siècle, l'idée de fraternité était fortement connotée. Pierre Rosanvallon remarque : « Comme l'amitié, la fraternité fonde un type de lien non contractuel. Elle renvoie à un impératif moral et non à une obligation juridique, tout en n'en jouant pas moins un rôle jugé essentiel dans la constitution du social... Dès 1789, la fraternité apparaît [...] comme une qualité et une métaphore de l'unité et de l'égalité : le pacte de fraternité redouble et accompagne le contrat social. La fraternité sociale est le prolongement et le complément de la volonté générale[12]. » La notion de fraternité est assez peu répandue dans le monde anglo-saxon. La Déclaration universelle des droits de l'homme de 1948 en fait néanmoins usage dans son article 1 (« Tous les êtres humains naissent libres et égaux en dignité et en droits. Ils sont doués de raison et de conscience et doivent agir les uns envers les autres dans un esprit de fraternité » – en anglais *brotherhood*). Enfin, l'idée de fraternité prend un relief distinct et tout à fait spécifique lorsqu'elle est utilisée dans la sphère religieuse, notamment par la religion chrétienne.

Aux extrêmes, la fraternité peut être entendue comme un cri de ralliement, une forme de slogan politique, ou un fourre-tout rhétorique. Mais le terme est porteur d'une intention et d'une dimension symbolique puissantes. Même si l'idée de fraternité doit être contextualisée, elle fait partie de plusieurs cultures occidentales. Comme l'écrit l'historien Tony Judt[13] : « La fraternité, malgré sa niaiserie en tant qu'objectif politique, est la condition nécessaire de la politique elle-même. » Dans sa complexité, elle chevauche l'idée d'altruité sur un point. Elle comporte une forme d'impératif moral qui s'apparente à l'idée d'un devoir un peu semblable au devoir d'altruité. On a pu estimer que l'appel à la fraternité pendant la Révolution française représentait une forme de devoir mis en face de la liberté si ardemment réclamée[14]. On ne saurait toutefois confondre fraternité et altruité. Au sens large, on peut comprendre la fraternité comme une idée morale fondée sur le sentiment autant que sur la raison, et de nature à renforcer, de façon informelle, les liens humains et sociaux entre les individus d'un même groupe. Elle est donc distincte de l'altruité entendue comme devoir rationnel, étranger au sentiment, et complément explicite de la liberté.

CHAPITRE 2

Le vice caché du libéralisme politique contemporain

Ayant clarifié le sens de quelques termes importants, je peux maintenant préciser et défendre ma thèse. Selon moi, les difficultés aujourd'hui manifestes dans les systèmes libéraux proviennent du cœur même des théories libérales, c'est-à-dire de l'idée de liberté. Celle-ci est en quelque sorte viciée lorsqu'elle est promue à titre de droit fondamental de l'individu sans que le moindre devoir lui soit associé. Le déséquilibre qui en résulte est la source des malaises et des pathologies divers observés dans les démocraties occidentales qui se réclament de la philosophie libérale, quelles qu'en soient les formulations politiques spécifiques. C'est donc là, dans l'absence d'un devoir d'altruité reconnu, qu'il faut chercher l'origine des dysfonctionnements observés dans les systèmes politiques qui mettent en avant la liberté des hommes. Là se trouvent le vice caché du libéralisme contemporain et la fracture qu'il engendre ou tolère dans la justice sociale.

LES SYMPTÔMES DES PATHOLOGIES

Pourtant, dira-t-on, de quelles pathologies s'agit-il ? Quels en sont les symptômes ? Ils sont nombreux, divers, précis ou diffus. En voici quelques illustrations. Frauder l'impôt est un acte individuel même si la fraude est, dans certains pays, un sport national. Pourquoi frauder lorsqu'on est riche, donc à l'abri de la nécessité ? D'une part, on ne remplit pas ses obligations vis-à-vis de la loi, que certains contestent au point de ne pas se l'appliquer – ce qui constitue un déni de démocratie. D'autre part, on ne peut ignorer que l'impôt sert principalement à abonder les droits sociaux : éducation, sécurité sociale, etc. Frauder représente donc un manquement à l'altruité. En ne pensant qu'au bien-être que va lui procurer une économie illégitime d'argent, le fraudeur fait fi des gains de libertés individuelles que représentent, pour d'autres, l'éducation, la Sécurité sociale, etc. Sans aller jusqu'à la fraude caractérisée, on peut tricher et exploiter toutes les ficelles juridiques et les carences de la loi pour en contourner l'esprit et échapper à l'impôt. Ici encore, le défaut d'altruité est patent. L'exemple permet d'illustrer comment l'altruité se distingue radicalement de la générosité : la même personne qui aura échappé à l'impôt en plaçant une partie de sa fortune dans un paradis fiscal, démontrant ainsi son manque d'altruité, pourra se montrer généreuse en faisant de son plein gré et à des œuvres de son choix des dons qui lui vaudront par ailleurs des déductions fiscales significatives.

Autre exemple : la vaccination, comme beaucoup de mesures de santé publique, comporte une part d'altruité. Lorsqu'un individu se fait vacciner contre tel ou tel agent infectieux, il ne fait pas que se protéger lui-même. Indirectement, il protège ses proches, et plus généralement il contribue à limiter la propagation du microbe pathogène. Il y a là un double devoir d'altruité dont on appréciera mieux l'importance lorsqu'on saura qu'en moyenne il faut vacciner au moins 80 % d'une population pour bloquer la dissémination de l'agent infectieux – ce dont les récalcitrants à la vaccination profitent. La rubéole est une maladie virale plutôt bénigne, sans grande conséquence sur les hommes mais qui peut entraîner des malformations du fœtus chez la femme enceinte. On vaccine donc tous les enfants, sans bénéfice de santé direct pour le sexe masculin.

Les symptômes les plus profonds des pathologies du libéralisme se trouvent dans les graves problèmes sociaux qui rongent les démocraties libérales les plus prospères et qui se traduisent par des inégalités excessives et souvent croissantes. La plupart des pays occidentaux comportent des poches de pauvreté impressionnantes lorsqu'on les rapporte au niveau de la richesse générale. L'estimation de leur taille dépend des critères adoptés, qui varient eux-mêmes selon les pays. En France, la fraction de la population qui vit avec moins de 50 % du salaire médian est d'environ 7 %. Elle est à peu près stable depuis 1985[1]. Pour évaluer la pauvreté, il faut aussi prendre en compte l'ampleur et la qualité des services sociaux. Ils sont meilleurs en France que dans d'autres pays, comme les États-Unis, où le problème de la pauvreté est plus aigu (selon les mêmes critères, la proportion des pauvres en 2008 y était double de celle de la France), surtout après la crise de 2008[2]. Dans la plupart des pays occidentaux, la richesse nationale va croissant. Des inégalités sont corrigées, mais de nouvelles apparaissent. Lorsque le chômage est présent, ou augmente, il les alimente. Le sentiment d'une inégalité sociale croissante est exprimé avec une vigueur qui approche la violence. L'appel à l'équité est plus pressant. Face à quoi la confiance dans le monde politique est érodée. À peu près partout, les taux déjà élevés d'abstention lors des votes nationaux augmentent. Enfin, les grands problèmes internationaux apparaissent bien difficiles à résoudre. Les scandales de l'extrême misère et de la faim dans le monde sont loin d'être résolus. La question du réchauffement climatique et l'ensemble des inconnues qu'elle projette sur l'avenir pèsent sur les mentalités et sur les économies. La société des nations peine à s'entendre pour corriger les déviances planétaires, dont la gravité est désormais mieux comprise.

L'idée est bien que ce sont des déficits d'altruité *individuels*, liés à une conception impropre d'une idée générale de la liberté, qui, agrégés, produisent les effets macroscopiques énoncés ci-dessus. Cela ne veut pas dire que les systèmes sociaux, et notamment les systèmes économiques, ne soient pas impliqués. Ils sont évidemment en cause. Toutefois, leur existence et leur évolution dépendent des individus. Nous ne pouvons purement et simplement nous décharger sur la collectivité de notre part de responsabilité individuelle. Nous ne pouvons vouloir une société plus équitable sans assumer les conséquences de cette aspiration et sans nous astreindre à devenir plus justes nous-mêmes. L'affirmation de cette proposition est une condition de tout ce qui va suivre.

LA CARENCE DES DEVOIRS DANS LES TEXTES DÉCLARATIFS DES DROITS

Est-il possible que le défaut aujourd'hui repéré dans l'idée de liberté ait été présent dès les origines du libéralisme ? Seule une analyse historique permettrait de répondre précisément à cette question. Néanmoins, un examen rapide des textes fondateurs qui ont entouré et accompagné l'émergence de la philosophie politique libérale suggère que tel est bien le cas. On peut s'en convaincre en parcourant les textes relatifs aux droits de l'homme qui ont accompagné la naissance et le développement de la philosophie politique libérale. Il en existe un grand nombre qui a été abondamment commenté[3]. Parmi les plus importants figurent : la déclaration d'indépendance des États-Unis de 1776, les déclarations françaises des droits de l'homme et du citoyen de 1789, 1793 et 1795, la déclaration de Philadelphie (1944) concernant les buts et objectifs de l'Organisation internationale du travail, ainsi que la Déclaration universelle de 1948.

Tous ces textes mettent la liberté en tête des droits fondamentaux et, à divers niveaux, l'associent à l'égalité et à la dignité, comme le montrent le premier article de la déclaration de 1789 (« Les hommes naissent et demeurent libres et égaux en droits ») et celui de la déclaration de 1948 (« Tous les êtres humains naissent libres et égaux en dignité et en droit »). La liberté a des limites qui sont posées dans les articles 4 et 6 de la déclaration de 1789 de la façon suivante : « La liberté consiste à pouvoir faire tout ce qui ne nuit pas à autrui : ainsi l'exercice des droits naturels de chaque homme n'a de bornes que celles qui assurent aux autres Membres de la Société la jouissance de ces mêmes droits. Ces bornes ne peuvent être déterminées que par la Loi. » « La liberté est le pouvoir qui appartient à l'homme de faire tout ce qui ne nuit pas aux droits d'autrui : elle a pour principe la nature ; pour règle la justice ; pour sauvegarde la loi ; sa limite morale est dans cette maxime : "Ne fais pas à un autre ce que tu ne veux pas qu'il te soit fait." »

Il est habituel de distinguer les droits « naturels » dont jouit par nature tout individu des droits « sociaux » comme la sécurité sociale, le droit au travail, le droit à l'éducation, etc. Ces derniers impliquent des obligations de la société vis-à-vis des individus. Celles-ci, de façon directe ou indirecte, sont assez abondamment évoquées dans ces déclarations. En revanche, s'agissant des devoirs qui s'imposent à l'individu, ces mêmes textes sont quasiment muets, en dehors des injonctions qui touchent au respect de la liberté des autres. La déclaration de 1795 comporte une section « devoirs » de 9 articles, dont le deuxième stipule : « Tous les devoirs de l'homme et du citoyen dérivent de ces deux principes, gravés par la nature dans tous les cœurs : ne faites pas à autrui ce que vous ne voudriez pas qu'on vous fît ; faites constamment aux autres le bien que vous voudriez en recevoir. »

L'article 29 de la Déclaration universelle des droits de l'homme de 1948 précise que « l'individu a des devoirs envers la communauté dans laquelle seul le libre et plein développement de sa personnalité est possible ». La Charte africaine des droits de l'homme et des peuples (1981) traite, dans son chapitre II, des devoirs de l'individu. « Chaque individu a des devoirs envers la famille et la société, envers l'État et les autres collectivités légalement reconnues et envers la communauté internationale. » L'idée de devoir individuel est ainsi avancée, mais seulement esquissée. Cela vaut pour d'autres constitutions nationales et textes internationaux qui font beaucoup plus souvent référence aux devoirs de la société envers les individus qu'aux devoirs des individus eux-mêmes.

DEVOIRS INDIVIDUELS ET COLLECTIFS

Ainsi, ces textes déclaratifs sont peu diserts sur les devoirs de l'individu et quasiment muets sur les devoirs qui seraient associés au droit fondamental à la liberté. On peut tenir cette carence pour normale, puisque ces textes ont vocation à traiter des droits plutôt que des devoirs. En outre, tout en renvoyant à des valeurs universelles, ces textes sont historiquement datés. Dans cette perspective, on peut penser que les préoccupations qui prévalaient au XVIIIe et au XIXe siècle dans le monde occidental, particulièrement en Angleterre, aux États-Unis et en France, concernaient avant tous les droits des individus. Les libertés fondamentales, l'égalité devant la loi devaient être défendues contre les pouvoirs en place. Les déclarations de l'époque en témoignent et expriment les exigences correspondantes. De même, la Déclaration universelle de 1948 a été conçue et adoptée dans un contexte fortement marqué par la Seconde Guerre mondiale et ses atrocités, dont on voulait éviter qu'elles puissent se reproduire.

Pourtant, ces mêmes textes déclaratifs énoncent une série de droits sociaux, qui constituent autant d'obligations que la collectivité est tenue d'endosser. Les devoirs sont bien présents. Il ne s'agit toutefois pas de devoirs individuels. Tout se passe comme si une partie des devoirs de l'individu était transférée à la puissance publique, et donc à l'État. À celui-ci, bien sûr, de répercuter en retour les responsabilités publiques sur les individus, ce qu'il fait notamment par le biais de l'impôt et de divers mécanismes de redistribution. On peut raisonnablement estimer que la notion de devoir individuel d'altruité a été diluée dans ce transfert dont l'ampleur et les modalités ont varié selon les époques et les pays.

Il faut aussi prendre en compte les transferts de pouvoir et d'influence qui se sont opérés lors de la laïcisation des États aux dépens des instances religieuses. Toutes les grandes religions monothéistes qui ont pénétré l'Occident, qu'il s'agisse des religions chrétiennes, juive ou musulmane, comportent des obligations personnelles qui relèvent d'un devoir d'altruisme. Celui-ci est profondément différent du devoir d'altruité tel qu'il est ici défini. Dans le cadre religieux, l'obligation d'aller vers l'autre est une injonction divine, formulée comme un devoir de charité, associée à l'amour du prochain et généralement assortie de la récompense d'un paradis promis. À l'inverse, le devoir d'altruité relève de la morale individuelle, d'une démarche rationnelle et d'une idée de la liberté. Cela le distingue radicalement d'un impératif religieux. Toutefois, tous deux énoncent des devoirs individuels forts, qui relèvent de l'altruisme au sens large. Dans une certaine mesure, ce que j'appelle ici devoir d'altruité est donc la version laïque d'un devoir exprimé sous une autre forme dans l'espace religieux.

L'évolution politique de tous les pays occidentaux, du XVIIIe siècle à nos jours, est allée dans le sens d'une séparation plus ou moins achevée entre les pouvoirs de l'État et ceux des Églises. En France[4], celle-ci a été suivie, particulièrement à la fin du XIXe siècle, d'un effort de formulation de codes de morale laïque. Des manuels de morale pour écoliers ont été élaborés sous la IIIe République[5]. On en trouve une survivance dans les cours d'éducation civique dispensés avec plus ou moins de conviction aujourd'hui. Toutefois, la désaffection pour les pratiques religieuses conventionnelles, notamment chrétiennes, est un phénomène social plus récent[6]. En France, comme dans d'autres pays, au Canada et particulièrement au Québec, elle s'est accélérée dans la seconde moitié et surtout vers la fin du XXe siècle[7]. Elle s'est accompagnée d'un vaste mouvement de libéralisation des mœurs et d'une forte montée de l'individualisme. Il semble donc que, dans les sociétés occidentales, l'espace occupé par les devoirs individuels se soit progressivement rétréci. Longtemps réservé, pour une bonne part, au domaine du religieux, il s'est largement vidé avec le reflux de celui-ci. Un temps compensé par le développement d'une morale laïque fondée sur les valeurs républicaines, il s'est à nouveau amoindri avec la poussée des individualismes.

Celle-ci a revêtu, après la Seconde Guerre mondiale, des formes diverses qui ont ceci de commun que les droits et les intérêts des individus sont censés primer sur ceux de tout groupe social qui pourrait les contraindre. Le premier d'entre eux est évidemment l'État. L'individualisme en politique peut donc rejoindre l'ultralibéralisme, qui veut en limiter le rôle, ou, plus rarement, l'anarchisme, qui veut s'en dispenser. Au niveau des personnes, l'individualisme se fonde sur des philosophies de l'existence qui font appel, dans des proportions variables, à l'autonomie, au développement personnel, à l'égoïsme et à l'hédonisme. Les intérêts et les plaisirs de l'individu y prennent le pas sur toute autre considération. Le point majeur pour notre propos est que l'individualisme se nourrit du développement des libertés individuelles. Sa montée en puissance à partir des années 1960 est corrélée, au moins en France, avec une forte croissance économique, qui a augmenté considérablement les libertés individuelles de chacun. L'attitude individualiste consiste typiquement à ne pas mettre en regard de cet accroissement le devoir individuel d'altruité qui lui correspond.

Deux courants se sont ainsi conjugués. Il s'est produit un transfert de responsabilités de l'individu en direction de l'État démocratique et laïc, et des dispositifs sociaux mis en place par celui-ci pour garantir et développer les droits individuels. Dans le même temps, et plus particulièrement depuis quelques décennies, dans un mouvement corrélé avec l'involution du domaine religieux, la notion de devoir individuel a régressé. Un déséquilibre croissant s'est installé entre les droits auxquels les individus estiment avoir accès et les devoirs auxquels ils pensent être soumis. On en arrive à une situation dans laquelle il faut soit diminuer les droits collectifs, soit corriger le déficit de devoirs individuels.

Le vide qui s'est créé – ou révélé – au cours des dernières décennies rend donc manifeste un manque d'altruité, qui a pu, en outre, se développer avec l'extension d'une idéologie libertaire et d'un individualisme de plus en plus affirmé. Puisque l'altruité est l'« engagement délibéré de l'individu à agir pour la liberté des autres », le manque d'altruité signifie, en langage courant, que nous ne pensons pas suffisamment à la liberté des autres, ni aux obligations qui en découlent. S'agit-il d'une attitude égoïste ? Pas obligatoirement. Il se peut que je pense trop à moi, de façon égoïste. Il se peut aussi que je sois trop ignorant des autres ou surtout que je pense à eux en me trompant de cible, par exemple de façon uniquement sentimentale, sans viser, de façon rationnelle et réfléchie, le développement de leurs libertés individuelles.

LA PLACE DE LA GÉNÉROSITÉ

Certains objecteront que la générosité compense le déficit d'altruité. La réfutation de cette proposition est capitale. J'ai montré plus haut que l'altruité et la générosité relèvent de catégories différentes et qu'un droit ne saurait par principe compenser un devoir. Altruité et générosité sont complémentaires, mais le seul exercice de la générosité ne suffit pas, et ce pour plusieurs raisons. Tout d'abord, celui-ci est aléatoire en ce sens qu'il s'exerce selon le bon vouloir des uns et des autres, en fonction de motivations qui leur sont propres et qui n'aboutissent pas forcément aux options les meilleures. Par exemple, les recherches portant sur certaines maladies, comme le cancer de la prostate, ont longtemps été surfinancées par rapport à d'autres pathologies majeures, comme celles liées à la nutrition, en raison du nombre élevé de donateurs de sexe masculin, âgés et riches, qui étaient, ou se sentaient, concernés par ce cancer. L'exercice de la générosité n'est pas non plus garant d'une stabilité suffisante pour traiter les problèmes de long terme. On s'en aperçoit à propos de la lutte contre le sida dans les pays en développement : les effets combinés de la crise financière de 2008 et de la montée des préoccupations écologiques et climatiques tendent à faire baisser le volume des dons. Les financements « innovants » auxquels on a recours aujourd'hui, comme la taxe de solidarité sur les billets d'avion[8], n'ont pas grand-chose à voir avec la générosité individuelle. Il s'agit de prélèvements obligatoires dont le principe est promu et accepté par une démarche qui relève de l'altruité.

On ne peut que saluer avec enthousiasme et encourager l'étonnante progression du monde des associations, fondations privées et organisations non gouvernementales (ONG) qui se multiplient, et font généralement grand bien. Sans qu'il existe des ONG une définition véritablement homogène, leur nombre est impressionnant[9]. On estime à 40 000 le nombre d'ONG internationales, mais il existe encore plus d'ONG nationales : il y en aurait plus de 3 millions en Inde. En France, le phénomène associatif est considérable, avec plus de 1 million d'associations 1901 (dont une partie seulement a une vocation philanthropique). Pourtant, jusqu'à présent du moins, ce vaste mouvement, avec toute la générosité qui le sous-tend, n'a pas suffi à régler l'essentiel des problèmes majeurs auxquels l'humanité et sa planète sont confrontées. Il ne peut suffire. Il faudrait qu'il couvre l'ensemble des champs nécessaires avec une constance qu'il ne possède pas. En outre, il n'est pas clairement intégré à l'espace public. Même si l'on parvient à améliorer cet état de fait, cela ne réglera pas le problème de fond. C'est dans l'idée de devoir individuel, et donc dans l'altruité, que réside le moteur légitime de l'action publique dans un système politique laïc.

La culture de la générosité est plus ou moins développée et de différentes manières, selon les nations et les cultures. La Chine devenant chaque jour plus riche, de grands mécènes chinois commencent à jouer un rôle important, à l'instar de quelques milliardaires occidentaux. La générosité est admirable, mais elle ne peut se substituer à l'altruité. Elle ne peut, ni ne doit, dans la logique ultralibérale du « moins d'impôts, plus de dons », servir d'alibi ni à un individualisme exacerbé ni à un capitalisme dérégulé dans lequel elle serait le moteur principal de la redistribution et de la justice sociale. S'il ne fallait donner qu'une seule raison étrangère à toute considération théorique, ce serait de constater que cela ne marche pas : la pauvreté aux États-Unis, entre 2000 et 2007, avant même la crise de 2008, a augmenté de plusieurs points en une vingtaine d'années, alors que la richesse nationale allait croissant[10].

CHAPITRE 3

Carences et dérives du libéralisme économique

L'idée est aujourd'hui répandue que la transition historique entre libéralisme classique et libéralisme économique a été suivie d'une seconde, qui a conduit à l'« ultralibéralisme ». Alain Supiot[1] la qualifie de « grand retournement » et montre comment « les noces du communisme et du capitalisme » ont accéléré, après la chute du mur de Berlin, l'émergence du « marché total ». On peut discuter de la place qu'occupe réellement, aujourd'hui, l'ultralibéralisme. Il est indéniable qu'il a gagné du terrain depuis les années 1990, au moins jusqu'à la crise financière mondiale de 2008, qui l'a mis en lumière, particulièrement aux États-Unis, qui l'ont déclenchée et où le « fanatisme du marché » a été vigoureusement dénoncé[2].

CARENCES : LE CONSTAT DE LA PAUVRETÉ ET DES INÉGALITÉS SOCIALES

On porte généralement au crédit du libéralisme économique la capacité de favoriser la croissance de la richesse. Il est, en revanche, et depuis longtemps, souvent accusé de ne pas permettre de la répartir de façon équitable[3]. De fait, le constat de la pauvreté dans certains pays riches est accablant. Aux États-Unis, parangon d'un libéralisme économique largement dérégulé que l'on peut qualifier d'ultralibéralisme sous les présidences républicaines récentes, les pauvres représentaient officiellement, en 2009, entre 15 et 17 % de la population. Le temps n'est plus où, dans les années 1930, Franklin Roosevelt suivait les principes de macroéconomie élaborés par Keynes afin de stimuler l'économie sans dénier à l'État la capacité d'intervenir, ni celui où, dans les années 1960, Lyndon Johnson proclamait la guerre contre la pauvreté et mettait en œuvre une série de programmes sociaux. En 2010, Barack Obama a éprouvé de grandes difficultés à faire accepter l'extension d'une couverture santé minimale à 32 millions d'Américains sur les 60 millions qui en étaient dépourvus. En France, la réforme sur les retraites a déclenché une crise sociale importante, sans doute moins pour ses dispositions effectivement inégalitaires que pour ce que celles-ci révélaient sur les inégalités profondes qui persistent ou s'amplifient dans la société française. Ainsi, l'analyse des conditions de retraite des femmes a montré de façon éclatante les inégalités de traitement dont elles sont victimes pendant leur carrière professionnelle.

Le libéralisme économique pratiqué dans une France où l'État providence est très développé est beaucoup plus régulé qu'aux États-Unis. Pourtant, la fracture sociale semble être installée de façon profonde. Les inégalités sociales ne sont pas les mêmes partout. La couverture sociale et le système de santé donnent aux Français une espérance de vie supérieure de trois ans à celle des Américains. En revanche, l'égalité des chances pourrait bien être moins effective en France qu'aux États-Unis. Un trait symptomatique, et générateur de fracture sociale dans de nombreux pays développés, est le niveau des salaires des dirigeants d'entreprise. Ils atteignent souvent des montants qu'il est difficile de justifier par une quelconque logique, même lorsque les théories ultralibérales le prétendent. À qui va-t-on faire croire que la motivation d'un responsable pour l'entreprise dont il a la charge varie selon qu'il touche 120 000 euros par mois plutôt que 100 000 euros ?

Si le libéralisme économique semble peiner à faire preuve de justice économique[4] et à résoudre les inégalités sociales dans les pays riches, on peut s'interroger sur sa capacité à les résorber dans les pays pauvres. À l'échelle mondiale, l'évolution est semblable à celle que l'on observe au sein des pays riches. Les pays émergents (en 2010), particulièrement la Chine, l'Inde et le Brésil, connaissent une progression remarquable qui les extrait de la pauvreté et les propulse en direction de la sphère des pays les plus prospères. Et ce, dans le cas de la Chine, où le régime politique joue le jeu du libéralisme économique, mais non celui du libéralisme politique, tout en conservant à l'État un rôle majeur. Dans le même temps, de grandes fortunes se créent sans que la pauvreté soit résorbée. À côté des pays qui sont en voie d'accéder à la prospérité, d'autres sont encore dans la misère la plus noire. La situation mondiale est en quelque sorte homothétique des situations nationales dans les pays riches. Tout se passe comme si le libéralisme économique mondialisé autorisait les mêmes inégalités sociales, y compris la grande pauvreté, au sein de la société des nations.

Pour en avoir une vision globale, il suffit de faire référence aux Objectifs du Millénaire pour le développement établis et votés par l'Organisation des Nations unies en 2000, avec l'intention d'éradiquer la pauvreté extrême en 2015 sur l'ensemble de la planète. En 2010, le secrétaire général des Nations unies a publiquement constaté que tous les objectifs ne seraient pas remplis. Sur sa proposition, il a été décidé de concentrer les efforts sur deux d'entre eux, qui concernent le statut des femmes et celui des enfants, et de tenter de les atteindre en 2015[5]. Il est intéressant de prendre en considération quelques chiffres. Selon l'économiste Jeffrey Sachs[6], les soins de santé primaires, qui sauveraient des millions de vies par an, dans le monde sont peu coûteux : en moyenne 54 dollars par personne et par an dans des pays qui en moyenne ne peuvent y consacrer que 14 dollars. En faisant abstraction de tout autre problème, l'équation financière est simple. Puisqu'un milliard environ de personnes sont privées de ces soins primaires, il faut trouver 40 milliards de dollars par an. Les États-Unis, l'Europe et le Japon apportent environ 14 milliards. Il en manque 26. La guerre en Afghanistan coûte environ 100 milliards de dollars par an ; les banques américaines en 2009 ont réalisé 50 milliards de profits, et les bonus des banquiers se sont élevés à plus de 30 milliards. À l'inverse, on a estimé à 3 600 milliards de dollars les pertes du secteur bancaire à l'échelle mondiale après la crise de 2008. La fortune cumulée des 1 000 plus grands milliardaires au monde atteint 3 500 milliards de dollars. Chacun peut conclure comme il l'entend, mais il est difficile de prétendre que les ressources financières n'existent pas, ni qu'elles pourraient être mieux utilisées.

DÉRIVES : LA PRISE DE POUVOIR PAR LA FINANCE

Il serait absurde de charger le seul système économique libéral, même dans ses versions les plus dérégulées, de l'entière responsabilité de cet état de fait. Les politiques et les citoyens que nous sommes doivent en prendre une part. Il n'empêche que le libéralisme économique a connu au cours des dernières décennies une dérive d'une importance considérable[7]. Ses conditions d'exercice ont progressivement changé pour au moins trois raisons : à cause de la globalisation ; parce que certaines limites écologiques de la planète sont atteintes ; et, enfin, parce que le pouvoir de la finance s'est accru de façon démesurée. La finance – c'est-à-dire, pour l'essentiel, les marchés financiers, les banques d'affaires et les analystes financiers – a pris la tête du système économique mondial. Elle opère selon les modalités d'un libéralisme économique largement dérégulé. Son internationalisation fait que les États eux-mêmes ont peine à la contrôler. Il en résulte dans l'économie mondiale de profonds déséquilibres, qui sont apparus en pleine lumière avec la crise de 2008. Joseph Stiglitz les décrit ainsi : « J'ai montré que les problèmes qui se posent aux États-Unis et au monde *exigent plus qu'un ajustement mineur du système financier*. Certains ont dit que nous avions un petit problème de plomberie. Nos tuyaux s'étaient bouchés. Nous avons appelé les plombiers qui avaient posé l'installation – puisqu'ils avaient créé le problème, ils étaient probablement les seuls à savoir ce qu'il fallait faire pour le résoudre. Tans pis s'ils nous ont surfacturé l'installation : tant pis s'ils nous surfacturent la réparation. Soyons-leur reconnaissants que ça fonctionne à nouveau, payons les factures sans faire d'histoires et espérons qu'ils ont mieux travaillé que la dernière fois. Mais ce n'est pas une simple question de “plomberie” : les défauts de notre système financier illustrent des vices généraux de notre système économique, et les vices de notre système économique reflètent des problèmes de fond dans notre société. Nous nous sommes lancés dans les renflouements sans une idée claire du type de système financier auquel nous voulions parvenir, et le résultat a été déterminé par les mêmes forces politiques qui nous avaient plongés dans ce chaos[8]. »

Au cours des dernières décennies, un premier déséquilibre s'est introduit entre les revenus financiers et ceux de la production et du travail. Avant la crise financière de 2008, le chiffre d'affaires de l'« industrie financière » aux États-Unis avait triplé en 20 ans, pour atteindre presque 7 % du PIB en 2007. Les gains faits sur les marchés financiers ont atteint des montants considérables : jusqu'à 40 % du profit cumulé des entreprises[9]. Cela provoque une dévalorisation matérielle et symbolique du travail. Le *trader*, qui, par son activité propre, n'engendre pratiquement pas d'emploi, prend le dessus sur l'entrepreneur qui développe son entreprise et crée de l'emploi. Le premier peut gagner des sommes beaucoup plus élevées que le second, dont les salariés, bien entendu, gagnent encore moins et parfois fort peu. Un deuxième déséquilibre concerne la relation entre les actionnaires et les entrepreneurs, notamment dans les entreprises cotées en Bourse. Les actionnaires, selon la logique propre au capitalisme, cherchent le plus souvent une rentabilité élevée de leur investissement. Ils souhaitent, de plus en plus, maximiser celle-ci le plus rapidement possible. C'est lié à un troisième facteur de déséquilibre qui provient de la mise en place de normes comptables particulières qui ont installé une véritable dictature du court terme. Créées pour accroître la transparence des comptes des entreprises cotées en Bourse, elles obligent celles-ci à publier leurs résultats de façon détaillée tous les six mois. Ils sont épluchés par des analystes financiers et par des agences de notation qui émettent des recommandations d'investissement, de désinvestissement ou de prêt à des taux plus ou moins élevés. Celles-ci sont susceptibles de faire fluctuer les cours, ce qui induit et facilite la spéculation. Les entreprises sont conduites à adopter des stratégies de court terme et gênées dans la mise en place de stratégies de long terme. Cette évolution ne va pas forcément dans le sens de l'intérêt du consommateur. Au sein des entreprises, la recherche incessante de rentabilité (qui a plusieurs autres causes) est de nature à accroître la pression sur les salariés. Elle peut dégrader le climat social lorsque le travail (re)devient une activité pénible de stricte nécessité plutôt qu'un des modes possibles de convivialité et d'épanouissement personnel.

Cet état de fait est désormais bien repéré et suscite une large désapprobation. Il n'en est pas moins difficile à modifier. Il correspond à une véritable prise de pouvoir du système financier, dont la crise a d'ailleurs montré qu'il manquait de la transparence qu'il imposait aux entreprises. L'esprit de lucre semble être bien installé. L'invention habile de mécanismes innovants (fonds spéculatifs, stock-options) a accru la puissance du dispositif. L'attribution de stock-options aux dirigeants d'entreprise est soupçonnée de les fidéliser par rapport à un système financier qui, en raison de son caractère court-termiste, n'est pas forcément favorable à l'entreprise dont ils ont la charge. Bref, avec ou sans la complicité active des États et des organisations internationales[10], la domination de la finance semble solidement établie. Elle est bien défendue par des groupes de pression puissants, comme cela est apparu après la crise de 2008 : deux ans après la crise, la réforme en profondeur du système, dont la nécessité n'était pas contestée lorsque les banques étaient en péril, se faisait toujours attendre.

Il faut aussi apprécier l'importance du système financier dans un contexte de redistribution. L'endettement des particuliers pourrait être considéré comme un élément capable de corriger une redistribution sociale insuffisante. En effet, si la possibilité m'est ouverte d'acheter ma maison à crédit, cela signifie que la société m'ouvre un droit à acquérir mon logement et que ma capacité d'emprunter est une reconnaissance de ce droit. En un sens, la société parie sur moi. Mais qui représente la société ? L'État, la collectivité ou les banquiers ? Sous cet angle, la politique extensive de crédit immobilier menée aux États-Unis, et dans quelques autres pays, a pu donner l'illusion qu'elle compensait l'insuffisance de transferts sociaux. Elle serait venue compléter et/ou supplanter les modes de redistribution directs de la richesse nationale. L'expérience américaine des années 2000 a montré les limites de cette approche. Lorsque les banques ont pris des risques très excessifs vis-à-vis d'emprunteurs offrant de très faibles garanties, le système s'est grippé. Des millions d'Américains ont perdu leur maison, et, au-delà des problèmes humanitaires, cela a été, au niveau économique, l'un des déclencheurs de la crise en 2008. De façon générale, l'hypertrophie du système financier ne peut compenser l'inégalité sociale. Bien au contraire, dans les faits, elle tend à l'accroître.

UNE DES PLUS GRANDES CONFUSIONS INTELLECTUELLES DE L'HISTOIRE

D'où proviennent les carences et les dérives du libéralisme économique évoquées ci-dessus ? Je concentrerai l'analyse sur deux points. Le premier, et le plus important, touche au transfert illégitime de l'idée de liberté qui s'est opéré entre la philosophie politique libérale et dans la théorie économique du même nom. Le second est interne à la théorie économique, dans laquelle on peut repérer un glissement de sens associé à la notion de « produit financier ».

Si les philosophies politiques libérales renvoient toutes à l'idée de liberté des hommes, les théories économiques qui en dérivent doivent être fondées sur des échanges entre hommes libres. C'est bien ainsi que l'entendaient leurs fondateurs, qu'il s'agisse d'Adam Smith, de Turgot, de Condorcet ou d'autres[11]. La libre concurrence était alors pensée au sein d'un marché de petits producteurs, dans un cadre où des travailleurs indépendants étaient libres de négocier leur force de travail. Dans ces conditions, liberté individuelle et libre commerce allaient de pair. Cependant, cette liberté de choix du travailleur – pour autant qu'elle a jamais existé de façon générale – s'est trouvée sérieusement écornée lorsque le développement du capitalisme a découplé beaucoup plus avant les salaires et les profits. Adam Smith, dans *La Richesse des nations,* avait d'ailleurs anticipé l'émergence d'un phénomène de classe, les maîtres s'associant pour imposer les salaires les plus bas possibles[12]. La liberté de choix des travailleurs est par ailleurs bien théorique lorsque le travailleur est démuni ou lorsque le chômage est élevé.

Dans ces conditions, transférer la notion de liberté à l'échange en tant que tel plutôt que d'en faire la qualité d'un échange entre hommes libres constitue un glissement de sens profond. Le jeu sur les mots recouvre une véritable supercherie intellectuelle. Dès lors que l'échange devient le concept dominant, avec pour corollaire la prééminence d'un marché où le libre-échange est roi, l'homme, en tant qu'être humain, disparaît de l'équation. Il devient objet au service du marché. Si on pousse l'interprétation, cette approche conduit à considérer l'homme comme une chose et, dans les faits, à le priver de liberté. C'est bien le reproche que beaucoup adressent à l'*Homo economicus* d'une certaine science économique. L'homme y est décrit comme un objet mécanique, une sorte de robot créé pour obéir aux lois d'un marché dont la prétendue perfection suppose qu'il y soit effectivement assujetti. Cette caricature d'homme est inacceptable. Il vaudrait mieux la rayer des manuels des étudiants en économie où elle figure encore pour installer celle-ci dans son statut de science morale[13].

Que veut dire, au demeurant, le terme de liberté dans la liberté d'échange entre individus mécanisés ? Les caractéristiques attribuées à l'idée de liberté pour les hommes ne sont pas transposables à la notion d'échange. On ne peut prétendre, par exemple, que la liberté d'un échange s'arrête là où commence celle d'un autre. On ne peut non plus définir l'altruité d'un échange comme un devoir dirigé vers un autre échange. En d'autres termes, faute de pouvoir, bien évidemment, « personnaliser » l'échange, on pervertit l'idée de liberté que l'on veut lui associer. On coupe cette dernière de toutes ses composantes humaines et régulatrices. Là où la liberté humaine trouve spontanément des limites, la liberté de l'échange n'a plus de contrepartie. Elle est par nature dérégulée.

La notion de produit connaît aussi un glissement de sens lorsqu'elle est appliquée à certains produits de la finance, comme si ces derniers étaient des produits ordinaires. Or, souvent, ils n'ont pas les mêmes caractéristiques de marché[14]. Les biens ordinaires, véhicules, habitations, nourriture, etc., répondent assez effectivement à la loi de l'offre et de la demande et au rôle de régulateur de la concurrence. Lorsque le prix d'une voiture augmente, les constructeurs vont aménager l'offre face à des acheteurs qui vont diminuer leur demande. Il y a donc un mécanisme de rétroaction qui tend à faire baisser le prix et à contrôler la hausse. Il n'en va pas toujours de même pour certains produits financiers. Plus leur prix augmente, plus ils peuvent paraître attractifs, puisque la hausse des prix signifie un rendement financier accru pour ceux qui les détiennent. L'augmentation de prix peut donc conduire d'autres acheteurs à vouloir en acquérir, ce qui va en augmenter le prix. Cette spirale, qui touche aussi un certain nombre de biens rares, est à l'opposé de la boucle de rétroaction qui règle l'économie des produits ordinaires. Elle est source d'instabilité et de spéculation. Le marché financier apparaît, à l'extrême, comme un ensemble peu stable de microbulles spéculatives, d'où parfois émerge une bulle plus grosse qui provoque le krach. Mais la caractéristique principale du produit financier est bien qu'il est réservé aux plus favorisés. Seuls ceux qui disposent d'un niveau de revenus qui leur permet de satisfaire au moins leurs besoins primaires peuvent y avoir accès, et, comme les plus fortunés, espérer de s'enrichir sans faire grand-chose.

Une partie du capitalisme a changé de nature. Il était, et est toujours, indispensable pour créer et développer les instruments de production qui requièrent des investissements, du capital, le plus souvent fournis par d'autres que ceux qui les font fonctionner. Cependant, une trop grande fraction s'est déportée sur la production d'argent à partir d'argent. La mondialisation permise par la liberté générale des échanges a laissé les puissances financières échapper aux régulations nationales sans que des régulations internationales suffisantes soient mises en place. La finance détermine les normes de rentabilité des entreprises. La gouvernance de ces dernières a dû s'adapter en conséquence, pas toujours pour le bien des consommateurs, ni pour celui de l'entreprise elle-même. Les exigences de profitabilité élevée vont trop souvent à l'encontre de la hausse des salaires, pèsent sur l'emploi, risquent de favoriser le chômage et tendent à limiter les investissements, surtout de long terme.

Le libéralisme économique s'est constitué en théorie autonome au début du XXe siècle. On a cru pouvoir donner à celle-ci un statut scientifique en la faisant reposer sur la célèbre théorie de l'équilibre général[15]. Dérivée des travaux de Vilfredo Pareto et de Léon Walras, celle-ci a prétendu avoir démontré que la liberté des échanges et des prix dans un marché idéal aboutit à un équilibre optimal – au sens de Pareto : il n'est pas possible d'augmenter l'utilité (le « bien-être ») d'un individu sans diminuer celle d'un ou de plusieurs autres. La pertinence des hypothèses de départ a ensuite été abondamment critiquée avec, notamment, l'émergence de la théorie du choix social[16]. Kenneth Arrow et Gérard Debreu, dans les années 1950, ont précisé les conditions de validité du prétendu théorème de l'équilibre général. Celles-ci ont été plus tard réexaminées pour aboutir à la réfutation de l'existence d'un optimum unique et de sa stabilité. La théorie de l'équilibre général aura donc contribué à légitimer la conception d'un libéralisme économique reposant sur le principe inébranlable de la liberté des échanges et à fonder l'ultralibéralisme. Il s'agit d'une dérive scientiste de même nature, et tout aussi profonde et aussi grave que celle qui a donné naissance à l'eugénisme[17]. Dans les deux cas, l'erreur a consisté à généraliser de façon abusive une prétendue certitude scientifique, qui n'était en fait qu'une hypothèse plausible, issue de prémisses incertaines. C'est ainsi qu'une théorie, d'aspect d'autant plus respectable qu'elle se prétend auréolée de science, peut se transformer en idéologie durable aux conséquences douteuses ou désastreuses. Le dogme de la dérégulation économique maximale relève de cette analyse.

Quoi qu'il en soit, le néolibéralisme économique et l'ultralibéralisme, fondés sur une dérégulation économique maximale, participent sans aucun doute à la fracture sociale, parce qu'ils sont profondément inégalitaires dans leurs principes comme dans leurs modes opératoires. Ils ne sont pas les seuls responsables. Les politiques qui ont plié devant cette conception du libéralisme économique et s'en sont rendus esclaves en le mettant au sommet de leur philosophie et de leur pratique le sont tout autant. C'est l'industrie financière qui doit être remise en question avant tout. Pour ce faire, il faut cesser de jouer sur le mot de liberté (dans « liberté des échanges »). Le glissement de sens opéré à ce propos constitue l'une des plus grandes confusions intellectuelles de l'histoire récente. Il autorise de véritables impostures aux conséquences considérables. Leur racine profonde est de se méprendre sur l'idée de liberté. La liberté en économie doit être remise à la place qu'elle occupait à l'origine, celle des hommes. Ce faisant, il devient possible, comme on le verra plus loin, d'y introduire son complément obligé, l'altruité, et de penser différemment l'économie.

DEUXIÈME PARTIE

Les conditions de la remédiation à l'échelle individuelle

CHAPITRE 4

Apprendre à mieux penser l'autre

UNE AFFAIRE DE MÉTHODE

Pour porter remède à ces pathologies du libéralisme, il faut viser le cœur du problème et tenter d'intervenir à la source. Il faut s'efforcer d'introduire l'idée d'altruité là où elle fait défaut, d'abord dans la conscience individuelle, puis dans l'espace collectif. C'est donc d'abord sur la façon dont chaque individu conçoit sa propre liberté, ainsi que son complément obligé, l'altruité, qu'il convient de se pencher. Un élément majeur de remédiation se trouve dans l'amélioration de la manière dont chacun d'entre nous voit l'autre et évalue sa propre situation au monde. Et ce, afin de construire des points de vue individuels « robustes », en vue d'entreprendre ultérieurement un nouvel examen critique de l'état de la société.

D'où un premier préalable. Une telle démarche suppose et affirme avec vigueur que la construction sociale est notre construction, et qu'elle n'a pas acquis une autonomie et une puissance telles qu'elle en serait venue à dominer l'individu. Cela ne veut pas dire qu'elle est la simple addition des apports de chacun. La complexité de ceux-ci est telle que leur ensemble peut révéler des propriétés inattendues[1]. Cela n'implique en rien que celles-ci échappent à notre intelligence et à notre contrôle. C'est le même procès que l'on fait souvent à la technique, qui prétendument entraînerait l'homme dans une course folle que celui-ci ne saurait plus maîtriser. Si le phénomène de la globalisation peut aussi donner l'impression qu'il échappe à tout contrôle, c'est que nous n'en avons pas suffisamment analysé les caractéristiques et les contraintes. Pour garder la maîtrise des phénomènes sociaux, l'indispensable préalable est que chacun de nous se mette au clair avec lui-même. La confrontation ultérieure de points de vue individuels qui n'ont aucune raison d'être identiques, ni cohérents entre eux ni toujours compatibles, et la compréhension de leur complexité collective relèvent ensuite de l'action politique dans le meilleur sens de ce terme.

Cette mise au premier plan de l'individu renvoie au courant de l'individualisme méthodologique[2]. Bien connu dans les sciences sociales, celui-ci n'a rien à voir avec l'individualisme tout court. À l'opposé de l'holisme, il prétend seulement que les phénomènes collectifs peuvent être analysés et compris à partir des propriétés et des actions des individus et des interactions entre agents. Il inspire de nombreuses recherches en sociologie[3] et fonde l'ensemble de la microéconomie. Notre démarche se distingue sur deux points. Tout d'abord, comme cela apparaîtra au chapitre suivant, elle ne s'interdit pas de mêler le particulier et le général, le contextuel et l'universel. De plus, elle accorde une large place à l'introspection dans la réflexion individuelle. Je la rapproche ici de l'analyse des principes premiers de la microéconomie tels qu'Hervé Defalvard[4] les déchiffre dans un texte de R. A. Turgot, alors intendant de Louis XV , datant de 1769. Turgot propose une fiction, proche de la métaphore de Robinson Crusoé, selon laquelle l'individu isolé, hors des marchés économiques réels, et sans aucun interlocuteur, détermine ses préférences et la valeur des choses. Lorsque nous nous livrons à l'introspection, nous sommes isolés. Nous sommes tous des Robinsons sur notre île. À ceci près que nous ne le sommes que très provisoirement et surtout que notre isolement va nous servir à penser au-delà de notre île et par là même à penser plus avant à l'autre, en évaluant notre devoir d'altruité.

Prendre en compte l'altruité suppose pour chacun d'entre nous – à l'exception de ceux qui en ont déjà l'habitude – de penser autrement. Il s'agit d'introduire plus systématiquement l'autre dans la réflexion de chacun. Bien sûr, nul ne part de zéro. Nous sommes tous préoccupés par autrui, sans doute à des degrés divers, et pas forcément de la manière qui est ici préconisée. L'altruité est une notion particulière en ce qu'elle contient l'idée d'un devoir logique et rationnel, distinct de toute affectivité. Mieux penser l'autre, c'est donc ajouter l'altruité à l'ensemble des raisons et émotions qui nous poussent d'ores et déjà vers lui. Point essentiel, c'est avant tout une affaire de *méthode*. L'organisation de la réflexion lors de l'élaboration du point de vue personnel a une influence majeure sur le contenu même de celle-ci et sur la prise de position individuelle qui en résulte. Il est donc capital de définir la méthode qui préside à cette organisation avant même de se préoccuper de ce qui en émergera. Cette approche n'a de sens et d'efficacité que si elle peut être adoptée par un nombre suffisant de personnes de façon à produire ultérieurement un effet collectif. La méthode doit donc être suffisamment simple et formalisée. On verra qu'elle est quasiment « naturelle ». Il faut ensuite qu'elle puisse être diffusée et que chacun puisse se l'approprier et l'apprendre, soit par lui-même, soit par la médiation d'un dispositif éducatif.

ÉLOGE DE LA RATIONALITÉ

Outre le fait que l'usage de la rationalité est une arme contre l'obscurantisme et ses violences, celle-ci joue un rôle déterminant dans notre démarche pour au moins trois raisons spécifiques.

Tout d'abord, l'usage de la rationalité nous aide à étendre notre champ de connaissances, au-delà de ce que notre intuition permet. Cela est vrai de la connaissance scientifique, mais cela vaut pour la connaissance des objets et situations ordinaires que nous rencontrons dans la vie quotidienne. Par le raisonnement, nous sommes en capacité d'accéder à des réalités auxquelles nous n'avions pas spontanément accès. Cet élargissement de notre regard peut nous amener à découvrir l'autre ou, plus généralement, le fait social, là où nous ne l'imaginions pas, soit que nous ne pouvions, soit que nous préférions ne pas le voir. Pour reprendre un exemple simple, un *raisonnement* sur la vaccination contre la grippe nous conduit à nous interroger sur les origines et sur la dissémination des maladies infectieuses, et sur la protection des plus riches comme des plus pauvres.

La rationalité nous permet aussi de mieux apprécier notre situation au monde, et de la relativiser. Dans *Le Temps de l'altruisme*, j'ai montré l'importance de penser la complexité et j'ai fait référence à la notion selon laquelle tout objet est décrit grâce à des informations qui concernent sa structure (l'objet isolé) mais aussi sa situation (les relations qu'il entretient avec son environnement). Or cette proposition générale s'applique à ma propre personne, si j'entreprends de réfléchir à moi-même dans un processus d'introspection rationnelle. Cette démarche, qui peut faire apparaître des éléments de ma propre existence qui échappaient à mon intuition, est particulièrement utile. Elle me permet en particulier de mieux apprécier ma relation avec mon environnement, et donc avec les autres, qui en font partie.

Pour ces deux motifs, la rationalité est un instrument de connaissance et de reconnaissance de l'autre. Le processus d'introspection rationnel est en outre indispensable à la prise en compte de l'altruité et du devoir d'altruité qui l'accompagne (voir chapitre 10). L'usage de la rationalité a donc une troisième vertu spécifique : celle de fournir une armature au processus de réflexion qui conduit l'individu à adopter un point de vue robuste. Il est important de souligner que, dans cette fonction organisatrice, la rationalité n'exclut en aucune manière la prise en compte de ce qui n'est pas rationnel, comme ce qui relève du sentiment et de la passion[5]. On le verra plus loin.

ÉLOGE DE LA CONNAISSANCE

La connaissance est un des fondements de tout choix éclairé. Encore faut-il que les connaissances pertinentes, les « briques de savoir » adéquates, soient disponibles, valides et donc validées. La méthode et les processus de validation s'inspirent de la science. Celle-ci est, en effet, une forme spécifique de savoir. Elle est dirigée vers un objet choisi et structurée par une méthode qui implique une possibilité de vérification susceptible de lui conférer une valeur universelle. Cela n'implique pas que la science fasse appel à une logique d'argumentation singulière. Elle utilise la logique commune, mais avec des procédures particulières, notamment pour la vérification des données et des preuves. Ces procédures sont censées aboutir à un certain consensus, ce qui se produit, en général, effectivement.

Ainsi – ce que l'on sous-estime souvent –, la science repose sur un type particulier d'organisation sociale au sein de ce qu'il est convenu d'appeler les communautés scientifiques.

Comme je l'ai montré dans *Le Temps de l'altruisme*, il n'y a pas de différence de nature entre objets de science et objets ordinaires, mais une différence d'attention portée aux uns et aux autres. Cette différence évolue dans le temps, parce que sujette à l'acculturation, à l'éducation et à l'accoutumance. Des objets aujourd'hui considérés comme ordinaires, tels qu'un avion, un ordinateur ou un réfrigérateur, ont été et/ou sont toujours des objets de science très sophistiqués dont la réalisation a nécessité un savoir scientifique important. Un même objet peut être simultanément considéré comme un objet de science par le scientifique qui fait des recherches et comme un objet ordinaire par l'homme de la rue qui s'interroge surtout sur l'usage qui peut en être fait.

Puisque la logique d'argumentation est la même, il n'y a aucune raison pour que l'homme de la rue, s'appuyant sur les méthodes de validation de la science, n'aborde pas l'étude des objets ordinaires de façon plus scientifique. Ainsi, l'entreprise de connaissance des objets ordinaires peut, par la méthode, se rapprocher de l'entreprise scientifique, tout en restant distincte de celle-ci. Par exemple, lorsque je fais mon marché et achète des produits « bio », je peux le faire par goût sans questionner plus avant leurs caractéristiques. Si, au contraire, cela a pour moi une certaine importance, je consulterai les étiquettes, effectuerai des comparaisons avec d'autres produits, et m'interrogerai sur la pertinence des informations qui me sont fournies. Ce faisant, j'appliquerai une méthode de type scientifique. Ce n'est possible que si l'étiquetage ou l'accès à toute autre forme d'informations validées ont été mis en place, ce qui est l'affaire de la collectivité.

On peut donc appeler à l'émergence d'une société de la connaissance. Le terme est le plus souvent utilisé pour décrire une société où les nouvelles connaissances sont le moteur de l'innovation, celle-ci étant, à son tour, supposée être le moteur de la croissance économique et par suite du bien-être social. Sans réfuter radicalement cet argumentaire, on s'interrogera plus loin sur ses limites. C'est dans une autre acception qu'il est ici question de promouvoir l'idée d'une société de la connaissance. Il s'agit d'une société où les connaissances *ad hoc* sont élaborées et mises au service de l'individu. Sans cela, il ne peut convenablement penser les situations, ni cultiver l'altruité ni évaluer son devoir d'altruité, et ainsi œuvrer pour le bien commun. Développer la connaissance au service de l'individu et du bien commun ne va pas de soi. C'est pourtant l'une des conditions à remplir pour réduire la fracture du libéralisme et améliorer la pratique de la démocratie.

ÉLOGE DE LA TOLÉRANCE ET DE LA PASSION

La question de la tolérance est essentielle. Elle est liée à cette autre problématique majeure qu'est le développement d'une culture du consensus. Pas de consensus possible sans que la tolérance ne facilite le rapprochement de points de vue que l'intolérance figerait dans une opposition mutuelle. Or le consensus est important à bien des niveaux. Même s'il ne règle pas les jeux démocratiques ordinaires, il est indispensable pour gérer la plupart des grands problèmes planétaires. À l'échelle de l'individu, la tolérance est tout aussi nécessaire. Elle est implicite dans le processus de validation des points de vue personnels qui requièrent une confrontation interpersonnelle, l'acceptation de la critique et l'expression de points de vue différents. La tolérance n'est pas seulement contrôle de la passion. C'est aussi une affaire de cadrage intellectuel de la réflexion. Comme je le montrerai dans le chapitre suivant, l'abord des problèmes à un niveau de généralité trop élevé peut être source d'intolérance.

Je voudrais aussi faire l'éloge de la passion, moteur majeur des actions humaines. Beaucoup de sentiments nous poussent de façon positive ou négative vers autrui. Pour ne considérer que les mouvements positifs, beaucoup de qualificatifs les décrivent : amour, sympathie, empathie, dévouement, gentillesse, etc. Leurs vertus ont été célébrées[6]. J'ai montré plus haut que, combinées, les notions de générosité et de fraternité rendent assez bien compte de l'indispensable relation à l'autre, en termes de lien humain, d'affectivité, d'humanité dans l'homme. C'est sans doute dans cette optique que l'idée du *care*, selon Carol Gilligan et Nel Noddings[7], pourrait être intégrée dans notre approche. La notion de « soin », par extension de la lexicographie médicale, converge vers celles, complémentaires, de fraternité et de générosité. Le lien humain et l'affectivité font partie des éléments majeurs qui façonnent les prises de position des individus et conditionnent leur volonté d'agir. Rien n'empêche de les prendre en compte dans un processus rationalisé qui les confrontera et les intégrera à l'altruité et à la détermination du devoir individuel d'altruité.

ÉLOGE DE L'APPRENTISSAGE ET DE L'ÉDUCATION

Si, pour finir, je fais l'éloge de l'apprentissage et de l'éducation, c'est pour régler leur compte aux visions pessimistes qui voudraient que l'homme soit doté d'une « nature » mauvaise et/ou immuable. Ainsi, certains commentaires religieux présentent la nature humaine comme irrémédiablement entachée par le péché originel et de ce fait non perfectible. Cette lecture extrême n'est pas, ou n'est plus, et de loin, la plus répandue. Dans la plupart des religions, l'homme conserve son libre arbitre, et reçoit l'instruction divine de faire le bien et de se perfectionner autant qu'il lui est possible. En fait, les éléments de morale laïque affirmés dans cet essai diffèrent des visions religieuses en ce qui concerne la source du devoir, mais ne présentent pas de contradiction majeure avec elles pour ce qui est de l'usage social qui devrait en découler dans un contexte laïc. C'est plutôt la « psychologie évolutionniste » que je voudrais mettre en question[8].

Ses tenants propagent, en effet, une figure subtile de déterminisme négatif dans un courant de pensée qui s'est surtout développé aux États-Unis, en continuité avec la « sociobiologie » rendue populaire dans les années 1975 par E. O. Wilson et R. Dawkins[9]. Il convoque les sciences sociales, l'ethnologie, l'anthropologie, la psychologie, etc., tout autant que les sciences de la vie pour expliquer, de façon générale, les comportements humains. Pourquoi sommes-nous portés vers l'amitié, l'égoïsme, l'altruisme, la violence ? Pourquoi sommes-nous plus monogames que polygames ? L'idée est d'apporter des réponses en repérant, dans le cadre de l'évolution des espèces, l'animalité dans l'homme et ses origines ancestrales. R. Wright formule ainsi l'hypothèse fondatrice : « Les cerveaux humains ont été conçus afin d'optimiser leurs aptitudes au sein d'un environnement dans lequel ces cerveaux évoluent[10]. » Il en résulte que nous sommes habités par des comportements et des réflexes ancestraux (la peur, la violence, la sexualité, etc.) et qu'en outre nous avons été sélectionnés dans un environnement qui n'est plus le nôtre. D'où une conjecture supplémentaire : l'évolution est trop lente, et nous sommes génétiquement inadaptés à l'environnement que nous avons récemment nous-même créé. Chargés d'un héritage évolutif qui constitue un trop lourd fardeau, nous courons au désastre. C'est la thèse présentée par Christian de Duve dans sa *Génétique du péché originel*, au sous-titre éclairant : « Le poids du passé sur l'avenir de la vie[11] ». Quant à David Premack, il tire de l'évolution un argument pour critiquer les institutions : « Depuis qu'*Homo sapiens sapiens* est apparu (il y a 90 000 ans), il a été chasseur-cueilleur durant 95 % du temps qu'il a passé sur Terre. Nous sommes fondamentalement adaptés à ce type de société où l'on vivait en groupe de 20 à 30 personnes sans institution extérieure qui vous contrôle, sans État, ni Église, ni entreprises. Nous n'avons pas développé de mécanismes qui nous protègent contre ces institutions nées après l'apparition de notre espèce[12]. »

Je n'adhère pas à cette anthropologie qui cherche à se fonder de façon trop approximative sur la science. Que le développement de l'être humain soit pour partie conditionné par ses gènes ne fait pas question. Que l'évolution des espèces se poursuive – comme le démontre la comparaison des génomes de l'homme de Neanderthal et d'*Homo sapiens*[13] – ne fait pas le moindre doute. Qu'une partie de nos comportements relève d'un héritage évolutif animal, non plus. Toutefois, cette autre manière d'invoquer le déterminisme génétique est un avatar du questionnement plus ancien sur l'inné et sur l'acquis. Or, d'une part, la prudence s'impose lorsque l'on considère les dégâts causés par d'autres versions des hypothèses déterministes en matière de discrimination raciale et d'eugénisme. De l'autre, nous avons toutes raisons de promouvoir l'acquis. Les capacités cognitives de l'homme me paraissent augmenter plutôt que régresser. Quant au corpus des connaissances à partir desquelles elles s'exercent, il est indubitablement en forte croissance. Au pire, même pour ceux qui sont habités par une vision plutôt noire de l'avenir de l'homme, il n'y a aucun risque à faire l'expérience de l'apprentissage de comportements mieux adaptés à notre environnement, et à faire le pari de l'éducation. À vrai dire, je suis beaucoup plus optimiste que cela. Comme d'autres[14], je suis intimement convaincu que l'éducation peut faire progresser les individus et les communautés humaines dans l'apprentissage des devoirs éthiques, et particulièrement du devoir d'altruité.

Un certain nombre de traits de comportements humains, comme ceux liés à la peur, sont très probablement innés et apparentés par l'évolution à des comportements animaux. On peut aussi suivre, des oiseaux aux primates, et à l'homme, l'évolution de la combinatoire des sons émis et de l'apparition des langages – donc, suivant Chomsky, de la pensée elle-même. Le développement des capacités d'apprentissage est parallèle à celui des capacités cognitives. Ce qui me paraît le plus vraisemblable est que l'évolution a doté l'espèce humaine d'un fond de comportements innés dont la violence comme l'altruisme peuvent faire partie. Toutefois, l'expression de ces traits est fortement conditionnée par l'environnement et par l'apprentissage. Dans cette perspective, la capacité d'apprentissage n'est pas biaisée sur le plan moral, en direction du bien ou du mal. Ce sont l'environnement et l'éducation qui jouent le rôle essentiel.

L'éducation à la morale civique est un thème récurrent dans la plupart des philosophies politiques. Les régimes totalitaires l'exploitent – non sans succès – pour se légitimer en endoctrinant les masses. Cette perversion est aux antipodes de processus éducatifs qui développent l'autonomie de la personne, son sens critique, et la maîtrise de certains comportements. Pour Raffaele Simone, « un des rôles fondamentaux de l'éducation est de limiter l'agressivité appropriative de l'enfant, qui n'a de cesse de répéter "C'est à moi", "J'en veux plus", "Le mien est plus gros" [...]. Le socialisme est une expression politique de ce projet éducatif, qui consiste à poser des limites[15] ». Mon point de vue n'est pas très éloigné, à deux différences majeures près. D'abord, l'apprentissage devrait avant tout être celui de l'altruité, et il aurait pour conséquence de limiter la tendance à l'appropriation. Ensuite et surtout, mon approche n'est *a priori* ni de droite ni de gauche, ni applicable au seul socialisme. Elle vaut pour toutes les philosophies politiques qui se réclament de la liberté.

CHAPITRE 5

Savoir évoluer entre l'universel et le contextuel

Avant d'aborder le processus par lequel chacun peut construire un point de vue individuel robuste, il est important d'examiner les différents cadres dans lesquels l'exercice peut être conduit. Quelle position adopter vis-à-vis du réchauffement climatique, du chômage, de la pauvreté ? Comment effectuer les choix politiques qui président au vote citoyen ? Le résultat dépendra souvent de la conception que chacun ou chacune se fait d'idées aussi vastes que celles de liberté, d'altruité, d'équité, de justice, d'égalité ou d'éthique. Comme ces notions sont chargées de significations diverses, il convient chaque fois d'en préciser le sens. Cela ne suffit pas. Il faut aussi faire un autre choix, celui de positionner l'idée comme ayant une dimension universelle, ou comme étant adaptable à telle ou telle situation, et donc utilisable de façon contextuelle. Les deux postures présentent des différences profondes, dont les conséquences sont importantes. Pour illustrer les unes et les autres, je prendrai des exemples dans le domaine de l'éthique.

ÉTHIQUE UNIVERSELLE ET CONTEXTUELLE

Dans de nombreux pays pauvres, l'hygiène et les conditions sanitaires sont insuffisantes ou désastreuses. Tout ou presque fait défaut : médecins et personnels de santé, hôpitaux et cliniques, vaccins et médicaments, sécurité sociale et organisation du système de santé. De nombreux acteurs nationaux ou internationaux, dans un cadre public ou privé, cherchent à corriger ces carences[1]. Tous sont confrontés à la question suivante : les bénéficiaires de ces aides doivent-ils recevoir exactement la même qualité de service que les habitants des pays riches ? À l'évidence, répondent les tenants d'une éthique universelle : toute personne sur cette Terre a le même droit à la santé ; aucune différence n'est tolérable ; fournir aux plus pauvres, par exemple, des médicaments moins sophistiqués mais beaucoup moins chers serait contraire au principe de l'égale dignité humaine et donc à la morale. Cela n'est pas réaliste, rétorquent les partisans d'une éthique contextuelle : il faut tenir compte de chaque situation et, dans chaque cas, évaluer les bénéfices, les coûts et les risques pour optimiser les choix[2].

Les conséquences qui découlent de chacune des deux attitudes n'ont rien d'anodin. Selon les canons de l'éthique universaliste, il est difficilement acceptable de distribuer dans les pays défavorisés des médicaments et des vaccins qui ont dépassé la date de péremption dans les pays riches d'origine. Or on sait que celle-ci est calculée avec une large marge, de sorte que les produits restent totalement ou partiellement actifs bien au-delà. Alors l'approche contextuelle est généralement suivie. Dans d'autres situations, l'éthique universaliste ne fait guère débat. Elle s'est imposée de façon quasi générale dans la conduite des essais cliniques pour la recherche et le développement de nouveaux médicaments ou vaccins. Nul ou presque ne juge désormais acceptable de recruter de prétendus volontaires dans les pays pauvres (ou des miséreux dans des pays riches) qui servent de cobayes à bon marché, et ce quel que soit le bénéfice attendu du nouveau produit. Le respect de la personne humaine est tenu pour universel. Les conditions d'expérimentation clinique et la pratique du consentement éclairé sont à peu près normalisées dans le monde entier. Cet acquis est relativement récent. Ici, l'éthique universaliste fournit un rempart efficace pour contenir des débordements financiers ou politiques associés à des enjeux sanitaires.

Approfondissons. Ces exemples montrent que l'éthique universelle et l'éthique contextuelle recouvrent deux attitudes bien distinctes et parfois contradictoires. Elles peuvent même s'affronter de façon brutale comme l'ont montré nombre de débats autour de la bioéthique[3]. Entre le global et le local, l'universel et le contextuel, faut-il vraiment faire un choix, ou peut-on dépasser les différences ? Une manière habituelle d'y parvenir consiste à poser le principe universel comme l'objectif à atteindre et de tolérer le contextuel comme compromis provisoire. Telle est souvent la position de repli qui permet aux uns et aux autres de se retrouver autour d'un calendrier et d'un programme échelonné dans le temps. On tombe ainsi d'accord pour estimer que l'accès à la santé devrait être le même pour tous et pour reconnaître que cet idéal ne sera pas atteint tout de suite. Il s'ensuit qu'entre-temps des approches contextuelles sont acceptables.

Tout en reconnaissant l'efficacité de cette voie, je voudrais souligner qu'à mon sens elle fait la part trop belle à l'approche universaliste. Une question supplémentaire se pose en effet : dans la démarche universaliste, qui décide pour qui ? Concernant l'éthique sanitaire, ne seraient-ce pas, bien souvent, les points de vue des pays développés du Nord qui seraient, ou auraient été imposés à ceux du Sud ? Ne nous livrons-nous pas, dans de nombreux cas, à une exportation indue d'un principe de précaution, érigé en norme dans les pays du Nord[4], mais d'un coût trop élevé pour ceux du Sud[5] ? Désormais, beaucoup de pays en développement, et tous les pays dits émergents, se sont dotés des compétences et des institutions qui permettent à leurs gouvernements de prendre des décisions éclairées sur les choix sanitaires qui concernent leurs citoyens. Les immenses pays que sont la Chine et l'Inde procèdent aujourd'hui pour leur propre compte à des essais cliniques menés selon des règles produites et adaptées à l'échelle nationale. Celles-ci ne sont pas nécessairement identiques à celles qui prévalent en Amérique et en Europe. Tant qu'il s'agit de médicaments et de vaccins destinés à leurs seuls citoyens, ces nations ne font qu'exercer un droit régalien.

Cela montre que les démarches contextuelles ne sont pas forcément des compromis adoptés face à un universalisme dominant. Elles n'ont pas un statut d'infériorité. On peut, à l'inverse, prétendre que l'universalisme devrait s'inspirer de la synthèse la plus consensuelle possible de la diversité des démarches contextuelles. L'universalité pose encore question quant à l'autonomie de décision des acteurs impliqués, puisqu'elle est supposée s'imposer à tous. Ainsi, le même terme, celui d'éthique, est porteur de significations aux conséquences distinctes – alors même que tous se réclament avec vigueur de l'éthique sans toujours en spécifier les contours. Mais la résolution des contradictions liée à une pluralité de sens peut être intellectuellement constructive : il ne s'agit pas seulement de négocier un compromis, mais aussi d'approfondir la réflexion, ce qui fait émerger de nouvelles questions qui enrichissent le débat.

IDÉES À VOCATION UNIVERSELLE OU CONTEXTUELLE

Lorsque nous réfléchissons sur un sujet déterminé, nous menons un travail intellectuel dans un espace habité par des représentations du réel. Celles-ci sont issues de notre perception immédiate, tirées de notre mémoire, souvent requalifiées par notre expérience. Elles sont confrontées à d'autres représentations mentales, plus abstraites, qui proviennent de nos connaissances, et peuvent comporter des éléments de notre inconscient, ou des composantes affectives ou intuitives. Il se fait un va-et-vient entre les représentations du réel que nous convoquons dans nos expériences de pensée et les ébauches réflexives produites par notre intellect. L'ampleur et la dynamique de ce va-et-vient nous appartiennent en propre. Elles sont éminemment variables d'un individu à l'autre, et même au cours du temps chez le même individu. Nous dirons que notre réflexion et les idées qu'elle engendre peuvent se tenir *plus ou moins à grande distance du réel*. Cette considération permet de caractériser, de façon simplifiée, mais utile, notre attitude intellectuelle, soit lors de l'élaboration des idées que nous façonnons, soit lors de l'analyse critique à laquelle nous nous livrons lorsqu'elles sont élaborées par d'autres.

Quels sont les attributs et les conséquences de ces postures ? Si nous nous tenons à une plus grande distance du réel, nous serons plus enclins à la généralité, aussi bien dans l'élaboration des idées qui nous sont propres que dans l'acceptation de celles qui sont produites par d'autres. Nous serons donc portés à l'universalité. Une idée ne peut relever du domaine de l'universel sans une certaine distanciation de la réalité, sans une prise de hauteur qui, presque forcément, va la rendre moins précise à mesure qu'elle est plus générale. À l'inverse, si nous nous tenons à plus courte distance du réel, nous allons prendre en compte la réalité de façon plus détaillée et serons plus attentifs aux retours d'expérience dont nous pouvons disposer. Nous serons plus proches du contextuel et du pragmatique. Une idée ne peut relever du domaine du contextuel sans une proximité suffisante avec la réalité, ni une prise de contact avec l'expérience. En d'autres termes, l'universel et le contextuel sont corrélés avec des attitudes intellectuelles que nous qualifierons d'universaliste et de pragmatique, et qui nous font pencher vers l'un ou vers l'autre. Une posture universaliste nous conduit à formuler et/ou à accepter des idées universelles. Une posture pragmatique nous amènera à élaborer et/ou à endosser des idées contextuelles.

IMPORTANCE PRATIQUE ET THÉORIQUE DES DÉMARCHES CONTEXTUELLES

Même si elle peut paraître excessivement simplifiée, cette distinction est efficace et appelle plusieurs remarques. Au niveau pratique, l'importance des démarches contextuelles est évidente. Lorsqu'ils sont abordés de façon globale, beaucoup de problèmes sont insolubles. Il est nécessaire de les traiter par parties pour espérer une quelconque avancée dans leur résolution. Par ailleurs, puisque, par définition, elle cherche à appréhender de près la réalité, c'est l'approche pragmatique qui a le plus de chances d'être opérationnelle.

C'est aussi au niveau théorique qu'il faut peser l'importance de telles approches. D'abord, les deux attitudes n'ont pas le même rapport à la connaissance objective et à la science. C'est un point majeur. La posture pragmatique est le socle des sciences expérimentales. Elle est beaucoup plus proche de la connaissance objective et de la science en général que la posture universaliste, qui ne leur accorde pas la même place et peut même vouloir s'en affranchir.

En outre, adopter une démarche contextuelle n'est pas toujours un choix. C'est souvent une obligation de la logique. En effet, l'analyse de n'importe quel objet ou phénomène impose que sa structure et son environnement soient décomposés en éléments (ce que j'ai ailleurs décrit comme « informations de structure » et « informations de situation », les deux pouvant être interchangeables lors de changement d'échelles[6]). Par exemple, je ne peux penser un écosystème sans en définir les bornes. Ce faisant, j'en fais une parcelle d'un écosystème plus grand. Ainsi, je peux m'intéresser à la Méditerranée comme écosystème. Mais celui-ci fait partie de l'écosystème « planète Terre » qui lui-même appartient à l'écosystème « univers ». *A contrario*, on voit mal comment on pourrait penser l'Univers sans y avoir introduit les étoiles et la Terre.

Il en résulte non seulement que ces changements d'échelle nous renvoient vers le contextuel, mais encore qu'il n'y a pas à opposer radicalement l'universel et le contextuel. Ce peut être une erreur de logique de le faire. De plus, en tant que personnes, nous n'avons pas à être figés dans une approche ou dans l'autre. Nous sommes en droit et en capacité d'en changer, de les utiliser tour à tour, d'endosser les contradictions qu'elles peuvent engendrer, de poursuivre le travail réflexif pour le dépasser ou les aménager, les refuser ou les accepter pour telles. Il n'y a pas de hiérarchie de principe entre les deux attitudes et les deux approches. L'universel n'occupe pas une position prééminente vis-à-vis du contextuel, et celui-ci n'est en aucune manière une version dégradée de l'universel – ce que parfois les tenants de cette attitude laissent entendre. Les deux ont leurs vertus, et autant qu'il est possible méritent d'être appréhendés conjointement[7].

Cependant, dira-t-on, on mélange ici la physique et la métaphysique, le royaume des phénomènes réels et celui des idées. Voyons cependant le traitement que nous avons fait de l'idée de liberté (tel qu'il est détaillé dans le chapitre 10). Conçue comme droit naturel, la liberté relève de l'universel. Entendue comme « libertés individuelles » ou « capabilités », elle relève du contextuel. Il en va de même de l'idée de justice, que l'on peut penser dans le mode universel comme justice parfaite fondée sur des institutions idéales. Mais on peut aussi la concevoir de façon contextuelle comme orientée, dans telle ou telle situation, vers la correction des injustices en commençant par les plus criantes[8].

Ainsi, la distinction entre universel et contextuel concerne aussi bien les idées que les phénomènes réels. Les démarches contextuelles possèdent deux vertus dont les approches universalistes sont trop souvent dépourvues. Tout d'abord, elles incitent à la tolérance. La reconnaissance d'une pluralité de contextes est moins propice au développement d'idéologies totalitaires que la quête d'un universel supposé unique et par là même dominant. Ensuite, elles amènent à une *conception distincte du pouvoir*, dans la mesure où la recherche d'un consensus à partir de points de vue contextuels divers se substitue à une vérité unique qui s'impose nécessairement à tous. Elles conduisent à pratiquer une tolérance respectueuse des cultures des autres – dont, au cours de l'histoire, les puissances occidentales n'ont pas toujours fait preuve. Elles amènent à combattre des dogmes comme celui de l'omnipotence du libéralisme économique et de remettre en question les pouvoirs que celui-ci s'arroge.

CHAPITRE 6

Mieux construire le point de vue individuel

La distinction entre universel et contextuel fournit une toile de fond sur laquelle il est maintenant possible d'appliquer les éléments de méthode évoqués plus haut (chapitre 4). L'objectif est d'examiner comment l'individu peut au mieux produire un point de vue robuste, qui se distingue d'une simple opinion. Cela suppose qu'un certain nombre de conditions soient remplies. Voici le déroulement d'un processus que l'on peut qualifier de « standard ».

Si je veux réfléchir correctement à un problème auquel j'accorde une certaine importance, il me faut disposer des connaissances *ad hoc* et, donc, d'*informations* qualifiées, suffisamment pertinentes et fiables. Dans la plupart des cas, mes seules connaissances ne suffisent pas. Je dois les compléter et m'informer activement. Pour cela, il faut que j'aie accès à des sources et à des bases de données qui recueillent et organisent l'information dans les domaines correspondants. Lorsque je les utilise pour élaborer mon point de vue, je mets en action un processus mental qui compte plusieurs étapes. Il me faut cerner le problème, en évaluer les tenants et les aboutissants et exercer mon jugement. Je me forge alors un point de vue préliminaire que je peux ouvrir à la critique en le confrontant à d'autres informations et à d'autres points de vue émis sur le même problème. Cela me permet de l'amender si je le juge utile et de le valider. J'aurai alors atteint un point de vue suffisamment robuste pour que je puisse le porter plus avant dans le débat démocratique et l'utiliser pour régler mon action.

LES DIFFÉRENTES PHASES DU PROCESSUS

Dans la recherche active des informations requises pour la *description* du problème, c'est moi qui choisis les informations que je juge pertinentes. Ce faisant, j'interviens dans la description du problème que j'examine – de la même manière qu'en physique l'observateur intervient dans le phénomène qu'il observe. Cette relativité impose qu'en tant qu'observateur je m'efforce de mesurer le poids de mon intervention dans l'observation que je pratique. Mon analyse va comporter un inventaire des éléments constitutifs de l'objet lui-même (sa structure) ainsi que des éléments externes à l'objet et qui figurent son environnement (sa situation). À quoi s'ajoute l'inventaire de l'étude des liens qui relient les éléments entre eux. Parce que le nombre d'éléments et de liens est quasiment illimité, je suis forcé d'en sélectionner certains et de choisir ceux que je juge les plus pertinents. En fait, mes capacités mentales m'obligent à limiter assez sévèrement ce nombre. Sinon la complexité de la description devient intellectuellement ingérable sans l'aide de la modélisation, ou sans l'apport d'informations intégrées qui prédigèrent en quelque sorte une partie de la complexité. Ces informations intégrées peuvent figurer dans des bases de données. Encore faut-il qu'elles soient pertinentes et fiables.

Comme je l'ai souligné dans *Le Temps de l'altruisme*, il résulte de ce qui précède qu'aucune description ne peut être complète (puisque le nombre d'éléments et de liens susceptibles d'intervenir est illimité). Cette incomplétude fondamentale se trouve aussi dans les mathématiques et dans les sciences physiques et biologiques. Elle conduit à penser qu'il ne peut y avoir de certitude absolue. Il en résulte que les choix de pertinence que j'effectue peuvent ne pas coïncider avec ceux faits par d'autres. Nul n'a forcément raison ou tort. Ces considérations théoriques justifient que, dans la pratique, je sois tenu de confronter mon point de vue à celui d'autres que moi pour pouvoir le valider.

La phase d'*élaboration* est celle pendant laquelle je formule mon point de vue préliminaire. C'est le temps de la comparaison et de la mesure. C'est le temps du jugement et de la pondération que j'applique lorsque je rassemble tous les éléments de la situation sur laquelle je prends position, en intégrant tous les facteurs, *rationnels et non rationnels*, d'intérêt propre, de sentiment ou de passion qui m'animent. C'est à cet instant critique que je m'implique en tant qu'observateur dans le problème que je suis en train d'observer. C'est donc alors que je récapitule des éléments disparates qui dérivent de l'analyse de ma propre situation et que je prends en compte ce que je peux ou ce que je dois faire pour satisfaire à mon devoir d'altruité.

Cette démarche relève de l'introspection raisonnée. Pour m'aider dans cette entreprise, je peux faire appel aux trois notions synthétiques avancées dans *Le Temps de l'altruisme*. Qu'ai-je reçu en propre, de façon passive, sans y avoir directement contribué ? C'est mon *capital individuel reçu*. Qu'ai-je produit de façon active comme contribution aux autres et à l'environnement dans lequel je vis ? C'est mon *capital individuel produit*. Quelles sont mes capacités d'action et où suis-je en mesure de les investir ? C'est mon *espace opérationnel propre*. Ces trois « variables » ou « paramètres » peuvent m'aider à structurer la description de ma situation et à l'élargir en tenant compte de son inscription dans l'espace et dans le temps passé (mon histoire) et à venir (le transfert générationnel).

Ayant procédé à cette analyse de ma propre situation, je suis à même de prendre la mesure de mes libertés individuelles et de mon devoir d'altruité, et d'adopter un point de vue sur le problème posé. Je peux le faire au cas par cas, ou faire référence à une éthique personnelle d'une certaine généralité. Par exemple, je peux avoir pris pour règle de m'efforcer de rendre plus que ce que j'ai reçu. En d'autres termes, compte tenu de mon espace opérationnel propre, je vais m'appliquer à ce que mon capital individuel produit soit supérieur à mon capital individuel reçu.

L'étape de la *validation* est tout aussi importante. Elle suppose que mon point de vue soit confronté à d'autres. Cette confrontation ne me laisse pas seul. Elle peut m'amener à prendre en considération des informations ou des arguments qui m'avaient échappé. La confrontation peut être virtuelle (je peux simplement lire ou entendre et analyser d'autres prises de position sur le même sujet). De façon souvent plus profitable, elle peut faire intervenir une discussion directe avec quelques autres. Elle peut me conduire à modifier mon point de vue, ou amener l'autre à changer le sien, ou déboucher sur un constat de divergences qui constitue en tant que tel un enrichissement pour les deux parties. Cette méthode de validation est forcément imparfaite, mais c'est la seule possible. Elle peut être pratiquée à plusieurs moments de l'élaboration de mon point de vue. De façon réaliste, mieux vaut ne pas me précipiter pour porter mon point de vue en gestation sur la place publique, avant que la confrontation ne l'ait aidé à mûrir. Lorsque j'estimerai le moment venu, je pourrai en faire état et le mettre en débat à une échelle plus large, ou l'utiliser pour régler mon action.

LES IMPERFECTIONS DU PROCESSUS

Cette décomposition en plusieurs étapes d'un processus mental somme toute banal peut paraître inutilement compliquée ou excessivement théorique. D'ailleurs, dans la réalité, ces stades de l'activité mentale ne sont pas si clairement séparées. Ils se déroulent sans ordre établi avec des allers-retours et des itérations multiples. Nous nous livrons quotidiennement à ce type d'exercice. Le problème est que nous le menons de façon imparfaite. La décomposition en étapes opérée ci-dessus avait pour objectif de faciliter l'identification des faiblesses principales et les plus habituelles. Elles sont au nombre de trois.

Tout d'abord, trop souvent, nous n'utilisons pas l'information qui convient, soit parce qu'elle n'est pas facilement accessible, soit parce que nous ne faisons pas l'effort d'aller la chercher là où elle se trouve. Par exemple, beaucoup de débats politiques sont, en vérité, opaques. Nous entendons des arguments exposés avec plus ou moins de clarté, et n'avons pas une bonne connaissance des faits et des enjeux. Peu ou mal informés, nous prenons néanmoins position, par exemple pour ou contre une grève des transports sans savoir exactement quels en sont les motifs. Ensuite, nous minorons souvent l'analyse de notre propre situation et commettons trop souvent l'erreur de méthode qui consiste à nous tenir à l'extérieur du problème traité. Pourtant, si je suis confronté à une grève des transports publics, mon point de vue sur celle-ci a quelque probabilité d'être différent selon que je suis contraint de marcher deux heures pour me rendre à mon lieu de travail ou que je suis assez fortuné pour avoir un chauffeur. Enfin, dans cette sous-estimation de notre situation, c'est souvent notre devoir d'altruité que nous négligeons lorsque nous élaborons notre point de vue. Par exemple, si les agents du métro font grève parce que l'un des leurs a été agressé, nous aurons souvent tendance à mettre en avant notre droit à aller au travail et tiendrons la grève pour une restriction de notre liberté individuelle – ce qu'elle est effectivement. Nous n'exercerons pas aussi systématiquement notre obligation d'altruité en réfléchissant aux conditions de travail de l'agent du métro ou à la condition sociale de son agresseur, et aux raisons qui ont motivé son geste, même si, *in fine*, nous les tenons pour non avenus : l'important, ici, n'est pas la conclusion, mais le mode de réflexion.

L'IMPORTANCE DU PROCESSUS

Nous nous forgeons donc souvent un point de vue personnel au terme d'un exercice mental incomplet et imparfait. Toutes les circonstances n'appellent pas de façon également urgente une amélioration de ce processus qui, dans la vie courante, fonctionne avec assez d'efficacité. On peut défendre l'idée que, même dans la vie quotidienne, ce processus relève de l'hygiène intellectuelle et mérite à ce titre d'être perfectionné. Néanmoins, lorsque la situation est importante, l'exercice est essentiel, et son amélioration, indispensable.

C'est notamment le cas dans les situations où il appartient à l'individu de s'autoréguler alors qu'aucune loi ne l'oblige à le faire. Par exemple, vivant dans une société d'abondance, je suis en mesure de gagner encore plus d'argent, alors que j'en gagne déjà beaucoup, et/ou de consommer encore plus, alors que je consomme déjà beaucoup, et/ou de polluer encore plus, alors que je pollue déjà beaucoup. Lorsque la loi n'est pas là pour fixer des limites, c'est à moi de le faire. Cela requiert une analyse de ma propre situation par rapport à celle des autres. Après la crise financière de 2008, il a été particulièrement insupportable de voir des banquiers, qui avaient été sauvés de la catastrophe par des aides publiques, ne pas limiter d'eux-mêmes leurs avantages. Redevenus prospères alors que les collectivités nationales qui les avaient soutenus s'étaient appauvries, et qu'une fraction de la population était réduite au chômage, ils ont, pour la plupart, conservé ou augmenté leurs salaires et leurs stock-options. Rien ne les obligeait à agir autrement, mais rien ne les empêchait de le faire. Leur libre choix de ne pas limiter leurs avantages personnels constitue un déni patent d'altruité, qui illustre la faille morale du libéralisme repérée plus haut.

L'amélioration du processus de réflexion individuelle est aussi essentielle lorsqu'il s'agit de questions qui touchent à la gestion des biens publics, notamment aux droits sociaux et à leurs modalités de mise en œuvre. Prenons la question du recul de l'âge légal de la retraite qui, en 2010, a donné lieu en France à un débat particulièrement vif. À côté du combat politique, on a pu constater à quel point les opinions individuelles ont eu de la difficulté à se constituer. D'abord, l'affaire était pour partie technique, et les informations pertinentes et fiables n'étaient pas si aisément disponibles. Surtout, chacun était mis en demeure de convoquer sa propre histoire, d'analyser sa situation au monde, et de la comparer à celle des autres, notamment en termes de pénibilité du travail. Chacun était donc tenu d'évaluer son devoir d'altruité, dont on voit bien, par cet exemple, comment il peut influencer l'adoption d'une position individuelle puis collective. Il en va de même pour tous les grands problèmes sociaux, qu'il s'agisse de l'exclusion, du chômage, de la pauvreté, de l'immigration, de l'étendue des couvertures médicales et sociales, etc.

Mon objectif, on l'aura compris, n'est pas d'exposer et de discuter ces problèmes, pour essentiels qu'ils soient, et encore moins de leur trouver des solutions. Il est de proposer une méthode qui permette de mieux les aborder. Ordonner le processus de réflexion personnelle selon les quelques principes évoqués ci-dessus constitue le moyen d'y introduire de façon systématique l'altruité et le devoir d'altruité.

TROISIÈME PARTIE

Les conditions de la remédiation à l'échelle collective

CHAPITRE 7

Introduire l'altruité dans l'économie

Depuis plus de deux siècles, la tension qui s'est installée entre les théories économiques (ultra) libérales fondées en priorité sur l'intéressement personnel et les théories plus préoccupées du social et ouvertes à un rôle actif de l'État n'a pas faibli. En témoignent l'influence de Keynes (dont l'ouvrage majeur date de 1936) ou la lecture de la liste des Nobel de sciences économiques depuis la création de ce prix en 1969 : s'y côtoient une dizaine d'ayatollahs de l'ultralibéralisme et d'ardents défenseurs d'une économie morale à vocation sociale, comme Amartya Sen. Dans le même sens que ces derniers, je me concentre ici sur la question spécifique de savoir comment introduire l'altruité dans l'économie.

Cette question se pose aujourd'hui dans un contexte où l'économie a envahi la vie publique jusqu'à trop souvent dominer la pensée et l'action politiques, au prix d'une confusion trop fréquente entre philosophie libérale et libéralisme économique. L'hypersimplification médiatique aidant, des indicateurs économiques approximatifs sont censés nous dicter le futur. On en vient à se demander si la société n'est pas au service de l'économie, alors que c'est l'économie qui devrait être au service du projet de société. Ce déséquilibre est la résultante d'au moins deux facteurs. D'un côté, on observe un déficit de projets de société, une perte de sens ou, au minimum, un manque de souffle dans la définition de grands objectifs sociaux. De l'autre, la montée en puissance de l'économie est légitimée par d'indéniables succès qui peuvent être attribués au libéralisme économique. Le problème est que, dans le même temps, on a assisté à une véritable prise de pouvoir par la finance, ce qui a provoqué ou accru la fracture sociale au niveau national comme au niveau mondial.

DONNER UN SENS À LA CROISSANCE

J'illustrerai le premier de ces deux points avec la notion de croissance. Celle-ci est devenue l'indicateur économique incontournable qui, après le produit national brut (PNB) (dont il n'est que la dérivée), est tenu pour être le guide de notre avenir : relance de l'économie, réduction du chômage, évolution des politiques sociales, etc. Les bénéfices économiques de la croissance sont évidents. Constitue-t-elle pour autant un projet qui donne sens à une société ? À l'échelle de l'individu et dans les sociétés d'abondance que sont les pays développés, la croissance implique un meilleur bien-être économique et donc, en théorie, un accroissement de ses libertés individuelles. Fort bien, mais cela appelle trois remarques.

Tout d'abord, le bien-être n'est pas qu'économique. D'où l'importance de développer et de prendre en compte d'autres indicateurs (les indicateurs de bien-être ou « de bonheur », comme certains les appellent) qui débordent la dimension économique et intègrent les dimensions de l'éducation, de la santé, etc. Plusieurs sont couramment utilisés. Le coefficient de Gini qui vise à mesurer l'inégalité de la distribution des revenus dans une population donnée[1]. L'indicateur de développement humain, ou IDH[2], intègre une série de paramètres qui relativisent les succès strictement économiques des pays riches et moins riches. Un rapport du PNUD (Programme des Nations unies pour le développement) fournit chaque année un classement[3]. En 2010, la Norvège figurait au premier rang, les États-Unis, au quatrième rang, la France, au quatorzième rang, et la Grande-Bretagne, au vingt-sixième rang. L'agrégation dans un même indicateur de données qui ne sont pas forcément commensurables en limite la portée. Ainsi, dans le classement des inégalités sociales et de la pauvreté, l'ordre est assez différent (voir chapitre 2). Néanmoins, ces indicateurs ont l'immense mérite d'attirer l'attention sur les paramètres sociaux. En France, le rapport Stiglitz-Sen-Fitoussi de 2009[4] a préconisé l'élaboration d'un tableau de bord regroupant un certain nombre d'indices représentatifs non seulement de la situation économique, mais aussi du bien-être social et de la soutenabilité du développement.

Ensuite, l'accroissement sans borne de l'abondance pose problème. Elle est généralement assimilée à la richesse, et celle-ci, à l'argent. Elle recouvre souvent une posture matérialiste qui va à l'encontre de valeurs morales telles que l'altruité. Quel sens donner à un consumérisme sans limite ? Que veut dire pour l'individu de toujours consommer plus ? Et pour consommer quoi ? Cet appétit sans frein est-il le moteur profond de la croissance économique ? Celle-ci ne devrait-elle pas être moins orientée vers la satisfaction sans limite d'appétits personnels qui relèvent d'un individualisme sans bornes, et plus vers l'accroissement du bien-être social ? Si telle est l'option retenue, nous sommes mis en demeure de *réviser notre conception de l'innovation*. Celle-ci et la recherche qui la nourrit devraient être plus franchement orientées vers l'augmentation du bien-être collectif, et plus seulement vers l'allégement du travail et l'accroissement des distractions et plaisirs individuels. Un certain nombre d'activités de recherche, comme celles qui portent sur les questions de santé publique, et d'équilibre écologique en offrent un exemple contemporain. Il faut réfléchir aux mécanismes publics et privés qui permettent d'orienter l'innovation en ce sens, d'en diffuser les résultats et d'en partager les fruits.

Enfin, on tient trop rapidement pour acquis que la croissance profite à tous, ce qui n'a rien d'évident. Si les fruits de la croissance sont trop inégalement répartis, une fraction des bénéficiaires présumés reste au bord du chemin. Il peut y avoir simultanément croissance économique et accroissement des inégalités. Aux États-Unis, en 2008, le revenu médian des ménages avait baissé de 4 % par rapport à 2000, alors que, dans le même temps, le PIB avait augmenté de 10 %[5]. Cela conduit donc à relativiser certains succès du libéralisme économique. Ce dernier a permis dans de nombreux pays de faire des progrès considérables. Mais on ne peut lui donner quitus pour les progrès passés sans analyser au cas par cas les courbes de distribution des richesses et non seulement les moyennes. On ne peut pas non plus lui donner un blanc-seing pour l'avenir, comme certains voudraient le faire, au seul vu des succès passés, sans examiner si les conditions historiques de ces succès perdurent. Pour dire les choses autrement, il n'est pas raisonnable de faire du libéralisme économique un principe universel. Il vaut mieux l'analyser de façon pragmatique et contextuelle.

À l'échelle d'une nation, une croissance qui ne profiterait pas à tous serait une supercherie, puisque l'idéologie associée au libéralisme économique consiste précisément à faire valoir que tous vont profiter de l'enrichissement général. De même, à l'échelle du monde, que voudrait dire une globalisation menée sous les auspices du libéralisme économique si tous les pays n'en profitent pas ? Si la courbe de distribution des richesses dans le monde ne se resserre pas, tout en se déplaçant vers le haut, la promesse du libéralisme économique n'est pas tenue. Le sera-t-elle plus tard ? Ce n'est pas assuré. Pour l'heure, mais pour des raisons qui ne sont pas seulement économiques, les pays « faillis » restent de façon durable dans un état critique[6]. Au total, selon le sens qu'on lui attribue, la notion de croissance recouvre donc deux projets de société distincts. Le premier repose sur un appétit de consommation sans limites. Il est profondément dépourvu d'altruité. Ce n'est évidemment pas le nôtre. Le second vise à une croissance du bien-être individuel et social, et menée de façon à réduire progressivement les inégalités.

RÉINTRODUIRE L'IDÉE DE LIBERTÉ DES INDIVIDUS DANS LE LIBÉRALISME ÉCONOMIQUE

Les dérives qui conduisent à une situation devenue de plus en plus critiquable, et même intolérable, au nom des théories économiques ultralibérales ont été identifiées plus haut (voir chapitre 4). L'ultralibéralisme a trompé son monde grâce à un glissement de sens. Il a transféré l'idée de liberté de l'homme à l'échange entre les hommes mécanisés. Il est urgent de revenir aux sources et de remettre la liberté à sa véritable place. Cela a pour conséquence automatique d'introduire l'altruité dans les bases mêmes de l'économie.

Si le libéralisme économique se fonde à nouveau, dans un contexte historiquement renouvelé, sur la liberté des hommes, l'échange économique (re)devient libre s'il a lieu entre des hommes libres. Or, comme on l'a vu, les individus sont plus ou moins libres, en ce sens que, dans une approche contextualisée (voir chapitre 5), leurs libertés individuelles (leurs capabilités) sont variables. La notion d'échange économique entre des individus dont les statuts sont de ce point de vue distincts doit alors être repensée. L'altruité y fait son entrée. Dans le commerce d'un objet, les deux parties prenantes qui auront indépendamment évalué leur devoir d'altruité peuvent convenir d'un prix qui n'est plus fonction du seul objet. Cela rend plus complexe la notion d'échange économique. Dans le même temps, cela l'« humanise ». Cette approche, qui par certains aspects est apparentée au troc, peut aboutir à une politique librement consentie de prix différenciés. Celle-ci est déjà pratiquée pour certains biens essentiels, comme les médicaments contre le sida ou plusieurs vaccins, qui sont produits dans les pays riches et vendus à moindre coût dans les pays en développement. Dans ce cas, la conduite économique de l'échange est en partie déterminée par l'altruité des agents économiques impliqués.

Ainsi, en plus d'avoir une valeur économique ordinaire (un prix), le produit, dont il est fait commerce, est doté d'une seconde valeur qui n'est pas marchande, et dont l'appréciation relève de l'éthique. Il s'agit en fait d'un élargissement de la notion d'« externalité[7] ». Dans le langage des économistes, les externalités recouvrent les effets indirects, positifs ou négatifs, qui sont induits par l'action des agents économiques, sans être pris en compte dans la dimension économique de l'échange. Par exemple, le marchand de bois qui rase dix hectares de forêt ne prend pas en compte l'externalité que représente le déficit de production d'oxygène induit par la disparition des arbres. La montée des préoccupations écologiques a rendu plus coutumières la recherche et l'analyse des externalités (par exemple dans l'analyse du cycle de vie des produits) de court, mais aussi de long terme. La proposition ici avancée est d'évaluer plus avant les externalités sous l'angle de l'altruité, ce qui leur confère une valeur éthique ainsi qu'à l'acte économique qui les engendre.

Ainsi entendue, cette valeur éthique dépend d'au moins deux critères. Elle peut être appréciée à l'aune du service que le produit rend à chaque personne qui participe à l'échange dans l'accroissement de ses libertés individuelles. Elle peut aussi être évaluée en fonction de l'ampleur du service rendu à la société dans la construction sociale de la liberté collective. En fonction du premier critère, il existe donc, potentiellement, autant de valeurs éthiques d'un même produit que de parties à l'échange. Par exemple, une baguette de pain a une valeur éthique très différente vis-à-vis de celui qui a faim ou de celui qui vit dans l'abondance, alors que son prix est en général homogénéisé par les lois du marché. Cela conduit à penser que son prix pourrait être éthiquement modulé soit au niveau de sa production (ce qui renvoie, entre autres, aux spéculations sur le marché mondial des céréales et aux salaires des intermédiaires), soit en fonction de sa destination (lorsque le pain est subventionné ou donné).

Le second critère prend en compte l'intérêt général au sein du groupe social concerné. En bonne logique, il devrait être rempli tout autant que le premier. Cette cohérence est le reflet du caractère autorégulé de la liberté. Elle fait écho à l'adage selon lequel la liberté des uns s'arrête là où commence celle des autres. En effet, des produits qui bénéficient à quelques-uns tout en étant nuisibles à d'autres, ou en contribuant à détruire plutôt qu'à construire la liberté collective, auront donc une valeur éthique médiocre ou négative. Dans certains cas, le qualificatif de « toxique » pourra même leur être appliqué. Ainsi, de façon caricaturale, la drogue augmente la liberté individuelle du vendeur tout en étant nuisible pour le consommateur et pour la société. Le cas du tabac est plus subtil : l'État, en le taxant, participe à sa vente, alors que la satisfaction individuelle qu'il procure est mitigée par les nuisances du tabagisme passif et par les problèmes de santé publique associés aux cancers qu'il provoque.

Certains produits financiers permettent à leurs propriétaires de s'enrichir – donc, en principe, d'augmenter leurs libertés individuelles. Ils satisfont au premier critère de valeur non marchande énoncé ci-dessus. Mais, lorsqu'ils appauvrissent le reste de la communauté, ils ne remplissent pas le second. La crise financière de 2008 a mis en lumière l'existence de quelques produits financiers particulièrement « toxiques ». On notera que, même dans les nations où opèrent des systèmes libéraux dérégulés, les produits toxiques sont soumis à des réglementations très sévères, du moment qu'ils présentent un risque pour la société. Par exemple, on fait, souvent au nom du principe de précaution, une chasse réglementaire sans merci aux traces de produits toxiques contenus dans des jouets. Par comparaison, les produits financiers, qui font eux aussi l'objet d'autorisations de mises sur le marché, paraissent traités avec un certain laxisme. Pourtant, lorsqu'ils s'avèrent nocifs, ils sont la source de bien des malheurs.

L'introduction d'un raisonnement sur la valeur des produits, en fonction des bénéfices de liberté individuels et collectifs qu'ils procurent, a des conséquences profondes. Elle implique que soient appréciés les devoirs individuels d'altruité des partenaires de l'échange marchand, ainsi que les bénéfices ou nuisances collectifs. Cela conduit à attribuer une valeur éthique aux produits quels qu'ils soient, et financiers en particulier. Les considérations qui précèdent amènent donc à imaginer une théorie à deux valeurs, marchande et éthique, pour qualifier les échanges économiques et les produits. Cela suppose d'introduire dans l'échange une étape de négociation supplémentaire, fondée sur l'altruité. Moyennant quoi, le système peut être modélisé[8]. Le versant éthique du système est réglé par les notions de liberté et d'altruité aux échelles individuelles et collectives, qui caractérisent la philosophie libérale (le *libéralisme altruiste*), que je décris plus loin.

La question de faire converger les deux systèmes de valeurs, marchand et éthique, constitue une problématique profonde de l'économie sociale. En principe, la convergence peut être obtenue, de façon formelle ou informelle, selon que l'on estime devoir, ou non, modifier des règles de l'économie de marché. L'importance de la dimension informelle et son lien avec l'économie « communautaire » méritent d'être soulignés. Par « communauté », on désignera un groupe social constitué d'individus volontairement et assez fortement interconnectés, qui, de surcroît, partagent un certain nombre de valeurs communes. L'expérience montre que, dans de nombreux cas, des communautés résolvent pour leur propre compte des problèmes économiques et sociaux qui correspondent à des « défaillances » du marché ou à des faiblesses des dispositifs étatiques. Quels sont les facteurs qui conditionnent les réussites (par exemple l'entraide financière informelle dans des communautés d'immigrés) ou les échecs (comme l'émergence de clans mafieux dans des quartiers difficiles) ? Il semble que la réussite dépende de l'élaboration, par la communauté, de normes informelles qui s'imposent par la conviction partagée, et par la confiance entre les membres, parfois assistées de dispositifs (souvent virtuels) de récompense et de punition[9]. À côté de systèmes économiques plus ou moins dominés par le marché et/ou par des règles du jeu étatiques, l'économie communautaire informelle peut jouer un rôle significatif, comme dans les systèmes d'entraide et de prêts au sein de communautés d'immigrés. Sans doute ce rôle va-t-il croître, si on en juge par l'augmentation du nombre des groupes sociaux lié au développement des technologies de l'information. On précisera que lui réserver une place ne veut pas dire que celle-ci soit prééminente, comme c'est le cas dans les théories qui se réclament du communautarisme[10].

ALTRUITÉ ET ÉCONOMIE SOCIALE

La philanthropie a pris une telle ampleur qu'il est légitime d'évoquer une économie de la philanthropie. Elle est d'ailleurs assez peu étudiée[11] et repose principalement sur le don et sur la générosité. Elle représente, dans la plupart des pays développés, plusieurs points de produit intérieur brut. Elle prend des formes diverses selon les nations et leur culture, et fait souvent l'objet, comme maintenant en France, de fortes incitations fiscales. Elle constitue ainsi un des mécanismes de redistribution sociale des richesses. La générosité a donc, et depuis longtemps si l'on en juge par l'histoire du mécénat, fait son entrée dans l'économie. L'altruité également, dans la mesure où la mise en œuvre des droits sociaux repose *in fine* sur l'acceptation des citoyens, mais, selon moi, conformément à la thèse de ce livre, à un niveau trop modeste. Si l'économie sociale se distingue de l'économie publique en ce qu'elle recouvre un ensemble d'initiatives à objectif social émanant principalement des individus, la question est bien de montrer que la générosité ne peut suffire et que l'altruité doit occuper une place plus grande.

L'altruité a déjà fait, sans doute de façon trop modeste, son entrée dans les dispositifs économiques. *Économie sociale et solidaire* sont les termes utilisés en France pour désigner un tissu économique marginal mais en développement. Il est largement dépendant du système associatif (lié à la loi de 1901), mais il est aussi l'héritier des expériences économiques réussies que représentent les coopératives et les mutuelles. Cet ensemble assez hétérogène représente 7 % de l'économie française et 10 % de l'emploi salarié[12]. En Grande-Bretagne et aux États-Unis, on parle plutôt de secteur citoyen, ou de troisième secteur, ces derniers se situant, à plus ou moins grande distance, du secteur de l'État et du secteur privé. Aux États-Unis, un Américain actif sur deux (90 millions de personnes) travaille (le plus souvent à temps partiel) comme volontaire dans une institution du troisième secteur. Celui-ci joue donc un rôle majeur dans une société où l'État fédéral intervient relativement peu dans la protection sociale. On observe aussi, dans les pays en développement, une forte croissance de l'entrepreneuriat social, dont l'association Ashoka et la Grammen Bank sont devenues emblématiques. L'économie sociale et solidaire grossit en volume dans le monde et suscite de plus en plus d'intérêt, ce dont témoignent de nombreux rapports et ouvrages[13].

L'économie sociale n'est pas une invention récente. Dans l'analyse historique qu'elle fait de la pauvreté, du crédit et de la confiance dans l'Europe préindustrielle, Laurence Fontaine[14] en apporte la démonstration. Les États, les nobles et les puissants n'étaient pas seuls à prêter, à emprunter et à s'endetter. Du Moyen Âge au XVIIIe siècle, les pauvres, qui constituaient une part importante de la population, étaient aussi ceux qui avaient le plus besoin de crédit. Toutes sortes de systèmes de prêts et de créances dans divers types de réseaux sociaux ont été pratiquées. La solidarité ne se manifestait pas uniquement par l'assistance et par la charité. Le microcrédit existait bien avant qu'il ne devienne aujourd'hui le symbole d'une économie plus sociale et plus solidaire. De nombreuses formules ont été expérimentées. En France, les célèbres poêles en fonte Godin étaient fabriqués par le familistère de Guise, fondé en 1859 par Jean-Baptiste Godin. Celui-ci a conservé son statut de phalanstère jusqu'en 1968[15].

Je mettrai l'accent, comme le fait Daniel Hurstel[16], sur une des tendances importantes : le développement de l'*entrepreneuriat social*. Ce dernier a vocation à créer et à faire prospérer de véritables entreprises qui poursuivent un but social, mais qui appartiennent au secteur privé et sont gérées avec les mêmes instruments que ceux du secteur marchand. L'entrepreneuriat social se distingue ainsi des activités purement philanthropiques menées au sein de nombreuses fondations et ONG. Il apporte la preuve que l'altruité peut être introduite à l'intérieur même du capitalisme. Il doit éviter des pièges dont plusieurs expériences d'entrepreneuriat social ont montré l'existence : perte de l'esprit d'entreprise ; dépendance excessive vis-à-vis de l'État, des collectivités, ou d'une clientèle ; à l'inverse, trop grande sensibilité aux valeurs et aux sirènes du marché ; esprit de concurrence trop local, etc. L'entrepreneuriat social dépend en outre d'un environnement réglementaire particulier. Les conditions techniques de sa mise en œuvre sont spécifiques, distinctes selon les pays et peu stabilisées en raison de leur caractère évolutif et encore expérimental.

Un autre mouvement part des investisseurs. L'*investissement socialement responsable*[17] se veut éthique. Il peut prendre plusieurs formes. Par exemple, des fondations privées dont l'objet social est de défendre l'environnement peuvent choisir – ce que toutes ne font pas – de vérifier que leur capital (qui, pour certaines, se compte en milliards d'euros) n'est pas investi dans des entreprises polluantes. Cette simple mise en cohérence n'est encore pas si fréquemment pratiquée. Elle a un effet de moralisation démultipliée par le fait qu'elle conduit à vérifier la constitution détaillée des fonds d'investissement et des actions des dizaines d'entreprises qui les constituent. Il suffit qu'une seule soit inadéquate pour que l'ensemble du fonds soit considéré comme inconvenant. De nouvelles agences de notation ont vu le jour. Elles évaluent les activités des entreprises et les fonds d'investissement sous l'angle de la qualité environnementale, mais aussi sous l'angle plus large de la responsabilité sociale. Celle-ci recouvre de nombreuses questions, dont celles qui touchent aux conditions de travail, à l'égalité de traitement entre hommes et femmes, et à l'emploi des enfants dans les entreprises œuvrant dans les pays en développement. On attache aussi plus d'importance aux œuvres sociales des grandes entreprises, dont beaucoup financent des fondations qui développent une activité caritative dans leur domaine de compétence. Des fonds entièrement dédiés à des investissements dits « éthiques » ont vu le jour. Bref, on observe des efforts de moralisation notables dans le domaine des investissements financiers.

Ces orientations prises par un certain nombre d'entrepreneurs et d'investisseurs pourraient converger et permettre l'essor d'entreprises privées, financées par des fonds privés, mais ayant un objectif social, et un mode de gestion obéissant à des règles spécifiques. Comme indiqué plus haut, ces sociétés commerciales, utilisant les instruments de l'économie de marché, pourraient faire des bénéfices, mais, au-delà de certaines limites, ceux-ci seraient réinvestis dans l'objet social ou reversés à la communauté plutôt qu'aux actionnaires, aux propriétaires du capital et aux cadres de l'entreprise. Ceux-ci pourraient recevoir des dividendes modestes, et les dirigeants, des salaires convenables mais non excessifs. L'entreprise sociale serait bien, comme la décrit l'OCDE, « une activité privée menée dans l'intérêt général, organisée sur la base d'une stratégie entrepreneuriale, dont l'objet principal n'est pas de maximiser le profit, mais d'atteindre certains buts économiques et sociaux ». Ou encore, pour citer M. Yunus, « un *social business* n'est pas une organisation charitable. C'est une entreprise au plein sens du terme. Elle doit couvrir l'ensemble de ses coûts tout en atteignant son objectif social[18] ».

Le mouvement de l'économie sociale, avec ce qu'il comporte d'analyse et de calcul des devoirs rationnels, est souvent compris comme ayant vocation à combler les vides sociaux laissés par l'entrepreneuriat classique. Il se pourrait toutefois qu'il remette en cause le fonctionnement d'entreprises classiques, à commencer par celles qui font commerce de biens fondamentaux. Prenons l'exemple des médicaments. Beaucoup, et non seulement les altermondialistes, s'interrogent sur les profits élevés réalisés par l'industrie pharmaceutique. Certes, il s'agit d'une industrie à risque. Il faut financer la recherche et le développement (souvent 15 % ou plus du chiffre d'affaires, mais on peut s'interroger sur la structure de ces coûts[19]). Par ailleurs, les bénéfices réalisés les bonnes années – beaucoup plus fréquentes que les mauvaises – sont élevés. En définitive, ce sont bien les malades et les systèmes de sécurité sociale qui paient.

Il est compréhensible que l'on s'insurge contre le fait que certains gagnent beaucoup d'argent avec le commerce de biens essentiels comme des médicaments vitaux. Leur coût élevé pénalise les systèmes sociaux et risque d'en priver les plus défavorisés – ce qui se produit dans les pays riches lorsque la couverture sociale est insuffisante, ou dans les pays pauvres lorsque des médicaments trop chers y sont exportés. Dans des entreprises « sociales », au-delà d'un certain niveau, les bénéfices seraient réinjectés dans l'objet social plutôt que distribués aux actionnaires et aux salariés (généralement surtout aux cadres). Il n'est pas absurde d'imaginer que, sous la pression des opinions publiques, une partition se fasse. À des entreprises sociales de ce type, la production et la vente des biens essentiels, comme les médicaments et les vaccins vitaux. À des entreprises conventionnelles, la production et la vente des biens de confort et du superflu (par exemple les cosmétiques). Peut-être la contagion s'étendrait-elle ? Le capitalisme s'en trouverait graduellement modifié en profondeur. On notera, de ce point de vue, le regain de faveur dont semblent jouir le capitalisme familial (les investissements étant moins soumis à la « dictature » des marchés financiers) et des dispositifs originaux, comme ceux dans lesquels le capital de l'entreprise est détenu en grande partie (65 % dans le cas des laboratoires Pierre Fabre) par une fondation à but non lucratif[20].

LE CHAMP DES FORCES ÉCONOMIQUES

Évidemment, il ne faut pas se bercer d'illusions. Le développement de l'économie sociale et solidaire et l'émergence de l'entrepreneuriat social ne vont pas produire de sitôt des changements miraculeux. Les puissances financières ont acquis un pouvoir colossal, que les États ont du mal à contrôler. La « dérive » ultralibérale n'a rien d'un phénomène aléatoire. Elle a ses théoriciens et mobilise de nombreuses intelligences. L'économie est un immense champ de forces où s'expriment et se confrontent des intérêts considérables. Cela ne veut pas dire que le système soit figé. Il existe des facteurs de changement, et les rapports de force peuvent changer soit sous la pression de la conjoncture et des opinions publiques, soit parce que le système peut évoluer de l'intérieur.

Les opinions publiques, échaudées par la crise financière de 2008 et ses graves conséquences, sont de plus en plus réceptives à l'idée que l'ultralibéralisme doit être canalisé par un jeu de régulations appropriées. L'ampleur des mouvements informels qui se réclament de l'économie sociale et solidaire est aussi un indicateur important. La multiplication des associations, fondations et ONG, aux échelles nationales et internationales, exprime une reconnaissance des problèmes liés à la pauvreté et aux inégalités sociales et la volonté de contribuer à leur résolution. De ce point de vue, il ne semble pas qu'il faille se préoccuper d'une possible carence d'entrepreneurs sociaux : les motivations ne manquent pas au sein des jeunes générations, tout autant d'ailleurs que chez les jeunes retraités. Plusieurs universités et écoles de commerce, y compris de très prestigieuses, ont mis en place des enseignements et des formations dédiés à l'entrepreneuriat social, et ceux-ci connaissent un succès considérable.

De façon notable, des évolutions se profilent au sein de la sphère financière elle-même, comme les mouvements de l'investissement socialement responsable. Plus significatifs encore sont les gestes financiers faits par de très grands mécènes. En août 2010, un groupe de milliardaires américains, emmenés par Bill Gates, ont décidé de faire don de la moitié au moins de leur fortune à des œuvres caritatives. Certes, ce geste privera le fisc américain de sommes importantes (80 % d'imposition sur les successions dans la tranche la plus haute) dont il aurait probablement fait un usage redistributif. Il a été estimé que les sommes mises en jeu (une centaine de milliards de dollars par an pendant dix ans) devraient suffire à financer l'ensemble des Objectifs du Millénaire pour le développement lancé par l'ONU en 2000. Mais on peut les comparer aux mouvements de la finance mondiale : 900 000 milliards de dollars par an entre banques sur les seuls taux de change. Une taxe de 0,01 % rapporterait donc l'équivalent, soit 90 milliards de dollars par an.

Il ne faudrait pas que la générosité de ces milliardaires américains et leur geste magnifique fournissent à bon compte une légitimation de l'ultralibéralisme. La générosité peut en effet lui offrir le plus subtil des alibis. Elle est en dehors du champ de toute critique, emporte même l'admiration, et peut cependant occulter des déficiences majeures de la théorie et des pratiques politiques. Dans cette logique, plus le libéralisme est dérégulé, plus l'appel à la générosité est grand. Il est remarquable que Bill Gates, qui avait, en 2000, montré la voie de la générosité avec la création de la fondation qui porte son nom, ait en 2010 lancé un appel pour qu'aux États-Unis les plus riches paient plus d'impôts. J'interprète ce geste comme résultant du constat que la générosité ne suffit pas à corriger nombre de problèmes majeurs et d'injustices criantes – ce dont la question de la couverture sociale aux États-Unis fournit un exemple éclairant. En l'espèce, l'appel à l'impôt est une forme d'altruité. L'introduction de celle-ci, sous quelque forme que ce soit, dans les mécanismes économiques est indispensable.

Restent les agents économiques, c'est-à-dire chacun d'entre nous. La matière est faite d'atomes, et la microéconomie cherche à construire la science économique à partir des comportements des atomes économiques que nous sommes. Mais les théories qui postulent un *Homo economicus* nous ont attribué un peu vite un comportement robotisé fondé sur la recherche de notre seul intérêt. Cela est démenti par de nombreuses observations. Certains cherchent maintenant à bâtir une microéconomie à partir de l'ensemble des connaissances produites par les sciences cognitives et en appellent à la « neuroéconomie[21] ». De nombreuses études de psychologie expérimentale démontrent l'existence chez l'homme de comportements coopératifs positifs (souvent qualifiés d'altruistes). Certaines, comme celles rapportées par Samuel Bowles, tendent à prouver que de tels comportements se dégradent lorsque les conditions de l'expérience, au lieu d'être neutres, stimulent l'expression de l'intérêt personnel. Ainsi, il est fort possible que des politiques économiques construites à partir de modèles de type *Homo economicus*, qui mettent en avant l'intéressement personnel, contribuent à saper les comportements coopératifs de nature altruiste, ou encore « les sentiments moraux » au sens d'Adam Smith[22]. Qu'il existe des indications expérimentales de cette assertion a de quoi faire réfléchir. Il est concevable que, *a contrario*, des politiques économiques qui n'encouragent pas l'intéressement personnel conduisent à stimuler les comportements coopératifs et les mêmes « sentiments moraux ».

Enfin, on répète à l'envi que le système économique dans son ensemble, et tout particulièrement le système financier, ne peut fonctionner convenablement sans que règne une certaine confiance entre les acteurs. Dans la crise financière de 2008, comme dans d'autres qui l'ont précédée, la confiance a été brutalement perdue non seulement entre certaines banques et leurs clients, mais aussi entre les banques elles-mêmes. On peut ici souligner le lien entre altruité et confiance. J'aurai plus facilement confiance dans mon interlocuteur si je le sais habité par l'idée d'altruité que si je pense qu'il ne l'est pas. L'altruité est un élément important de la confiance. Raison de plus pour introduire l'altruité dans l'économie.

CHAPITRE 8

Revoir le pacte démocratique national

Bien que certaines nations, comme le Canada et d'autres au nord de l'Europe, semblent être en meilleure santé, plusieurs grandes démocraties occidentales présentent les symptômes de maux plus ou moins profonds. Existence d'organisations mafieuses, problèmes de corruption, révélation de fraudes colossales, tolérance des paradis fiscaux. Et, aussi, taux de chômage élevés ; problèmes de pauvreté aigus dans une fraction de la population, comme c'est encore le cas aux États-Unis, en France et en Grande-Bretagne ; ou encore : entorses aux droits fondamentaux, comme celle commise par la plus puissante démocratie du monde avec la création de la prison de Guantánamo en réponse aux attentats du 11 septembre 2001. Cette liste est loin d'être exhaustive.

Dans l'ensemble, donc, les démocraties occidentales connaissent de sérieux problèmes. Nous ne pouvons nous satisfaire de l'idée que la démocratie a acquis une suprématie universelle qui la dispenserait de tout regard critique sur ses réalisations pratiques et ses améliorations possibles. L'exemple de plusieurs pays, et celui de la Chine tout particulièrement, démontre que l'état de démocratie n'est pas nécessaire à la réussite économique, dès lors que l'appareil politique s'ouvre au libéralisme économique. Les prétendues « lois » de l'économie ultralibérale suffiraient-elles à assurer le bonheur des peuples jusqu'à pouvoir se substituer aux lois démocratiques et au plein exercice de la liberté individuelle ? La question est grave. Elle peut paraître irréaliste, mais il serait dangereux de l'éluder. Mieux vaut ne pas se bercer de mots, reconnaître que, dans la pratique, la démocratie peut tomber malade, chercher les sources du mal et tenter d'y remédier. Si la démocratie est censée être la meilleure forme d'expression de la philosophie libérale et si le déficit d'altruité est responsable d'une fracture dans le libéralisme contemporain, il est légitime d'en examiner l'impact dans le fonctionnement démocratique.

LIBERTÉ ET ÉGALITÉ DANS L'IDÉE DE DÉMOCRATIE

En démocratie, liberté et égalité sont indissolublement liées. Le peuple est composé d'individus libres qui disposent d'un droit égal dans l'exercice d'un pouvoir qu'ils délèguent à des représentants élus. Toutefois, l'idée d'égalité va bien au-delà du droit de vote. Elle recouvre de nombreux autres champs, notamment dans le domaine social[1]. Or il existe une différence de nature fondamentale entre les idées d'égalité et celles de liberté. La liberté est en quelque sorte autorégulée puisqu'il est tenu pour établi que la liberté des uns s'arrête là où commence celle des autres. Rien de tel pour l'égalité, quel qu'en soit le domaine d'exercice. L'égalité entre des personnes ne s'arrête pas là où commence celle des autres. Elle est totale, ou elle n'est pas – sauf à imaginer des règles qui limitent l'égalité et justifient des inégalités, ce qui n'est pas cohérent. Dans une approche universaliste (voir chapitre 5), l'idée d'égalité ne peut que constituer un principe radical. Dans une démarche contextuelle, on est conduit à examiner dans quels domaines une égalité radicale fait sens et dans quels autres il convient d'aborder l'égalité de façon pragmatique, sous l'angle de la réduction des inégalités. La ligne de partage se situe entre droits naturels et droits sociaux, mais elle n'est pas si nette, surtout lorsqu'on confronte les principes à leur mise en œuvre.

Jusqu'au XVIIIe siècle, l'idée d'une hiérarchie naturelle des races, qui dans une certaine mesure légitimait l'esclavage, et celle d'une hiérarchie sociale naturelle étaient assez largement partagées[2]. Les deux sont aujourd'hui proscrites, et l'esclavage est en voie de disparition. Toutefois, la persistance du système des castes en Inde et celle des inégalités de statut entre les femmes et les hommes dans de nombreux pays montrent que la notion de hiérarchie sociale garde une certaine actualité. Dans toutes les démocraties, les principes d'égale dignité et d'égal respect, ainsi que ceux d'égalité devant la justice et la loi sont tenus pour devoir être respectés de façon intransigeante. Cependant, leur mise en œuvre laisse à désirer. Il reste de nombreuses discriminations dans beaucoup de secteurs de la vie sociale[3].

Le droit de propriété individuelle est garanti dans toutes les théories libérales et, par conséquent, dans les démocraties qui s'en réclament. La reconnaissance de ce droit rend l'égalité impossible pour ce qui est de la possession de biens matériels. En revanche, l'égalité devant un certain nombre de droits sociaux (droit à la sécurité sociale, droit à l'éducation, droit au travail) est mise en avant, particulièrement dans les démocraties qui prônent l'État providence, mais à des degrés très divers. Ainsi, la question de la couverture sociale est abordée de façon très différente en France et aux États-Unis. Le seul principe d'égalité sociale qui soit reconnu dans toutes les démocraties occidentales est celui de l'*égalité des chances*. On pourrait donc l'ériger en principe universel, mais sa mise en œuvre est complexe, et il connaît de nombreuses entorses. Il vaut mieux le comprendre et l'analyser de façon contextuelle et pragmatique que de s'en tenir à un principe général mais irréaliste.

En outre, il faudrait mieux prendre en compte son complément, c'est-à-dire l'*égalité des risques*. Or celle-ci est bien mal partagée. Comme le fait remarquer Marc Fleurbaey[4], concernant le marché du travail, les salariés portent une part majeure, et sans doute croissante du risque, sans qu'ils aient beaucoup leur mot à dire. « Les vrais héros du risque sont ceux qui passent leur vie dans la précarité, au bord de la misère, et subissent les coups du sort. » Ce ne sont sûrement pas les spéculateurs et les traders. Une autre manière de souligner les inégalités par rapport au risque est de prendre conscience de l'extrême attention portée à la sécurité des biens matériels liés à la propriété privée. Il y a quelque incohérence à vouloir les mettre aussi systématiquement à l'abri du risque sans appliquer ce même principe aux individus et au travail qu'ils produisent. La sécurité des biens contribue au bien-être libéral, mais la sécurité du travail et des revenus est évidemment un élément majeur du bien-être social.

Quels sont les rapports entre égalité et équité, et entre équité et justice sociale ? Dans *L'Idée de justice*, Amartya Sen analyse les courants de pensées issus des Lumières en Europe et des cultures asiatiques. Il les sépare en deux. Un courant prétend en quelque sorte à une justice parfaite que l'on ne peut s'efforcer d'atteindre que grâce à un contrat social. La recherche d'institutions idéales prônée par John Rawls s'inscrit dans cette voie. À l'inverse, un second courant se fonde sur une approche comparative des réalisations sociales sans forcément viser une société parfaitement juste. La réflexion s'appuie alors sur l'analyse et sur la comparaison de situations sociales concrètes sans chercher à dégager d'emblée des institutions et des règles présumées parfaites. La préoccupation majeure consiste à corriger les injustices, en commençant par les plus criantes, avant de prétendre à une perfection impossible à atteindre. Cette analyse renvoie à la distinction plusieurs fois opérée entre approches universalistes et démarches contextuelles (pragmatiques). La question de l'égalité entendue comme universelle est déplacée vers celle de l'équité. Et l'équité devient un instrument de mesure de la justice sociale prise dans sa dimension contextuelle.

En résumé, ces considérations conduisent à traiter l'idée d'égalité à deux niveaux. Le premier est celui de l'égalité « radicale » devant les droits « naturels » attachés à la personne humaine. Le second est celui de l'égalité devant les droits sociaux, y compris l'égalité des chances, qu'il est préférable d'aborder de façon contextuelle sous l'angle de l'équité et de la justice sociale.

LIBERTÉ, ÉGALITÉ, ALTRUITÉ

Cette distinction ayant été opérée, le rôle de l'altruité dans l'idée d'égalité peut maintenant être précisé. En ce qui concerne les droits naturels de l'individu, l'égalité est radicale. On peut considérer qu'elle est englobée dans les libertés individuelles puisqu'une perte d'égalité entraîne une perte de libertés individuelles. Comme l'altruité est le complément de ces dernières et a vocation à les accroître, l'expression du devoir d'altruité est de nature à garantir cette égalité radicale de droits en démocratie. En ce qui concerne les droits sociaux, le rapport est différent, et l'implication de l'altruité, plus précise. La détermination du devoir d'altruité est à opérer par chacun au cas par cas sur tous les dossiers qui touchent aux droits sociaux. Ce travail pragmatique va dans le sens de la correction des inégalités sociales, puisque l'insistance sur l'altruité de chacun vise à l'accroissement des libertés individuelles de tous. Au total, les idées de liberté et d'égalité qui sous-tendent la pratique de la démocratie sont toutes deux dépendantes de l'altruité. La promotion de l'altruité ne peut qu'être favorable au développement d'une démocratie plus juste dans ses aboutissements.

En vérité, l'altruité est plus encore. C'est le terme manquant dans l'équation générale de la démocratie. Comme il a été montré plus haut, ni la fraternité ni la générosité ne peuvent la remplacer. Il est essentiel de l'affirmer dans les principes mêmes du système démocratique qui sans elle est voué à un déséquilibre certain. L'altruité fait partie du pacte démocratique et doit y être explicitement intégrée.

La France, fière de la Révolution de 1789 et des principes politiques qui en sont issus, voudrait être un modèle de démocratie. Si on pouvait aujourd'hui revenir sur la devise républicaine de la France : « Liberté, égalité, fraternité », je serais partisan d'y introduire l'altruité, sans la substituer à la fraternité. Une devise à quatre termes : « Liberté, altruité, égalité, fraternité », rendrait compte tout autant des droits, devoirs et impératifs moraux que de l'indispensable lien humain, pour partie affectif, qui devrait régner au sein des communautés humaines gérées de façon démocratique.

LE DROIT À L'INFORMATION, CONDITION PREMIÈRE DE LA REMÉDIATION DÉMOCRATIQUE

Il faut maintenant distinguer les principes de la démocratie de la pratique et du fonctionnement démocratiques. En particulier, il convient d'examiner si les dispositifs qui permettent à chacun de prendre la mesure de son devoir d'altruité, de le discuter et de le faire valoir, sont adéquats. Or je les crois déficients, pour plusieurs raisons, dont la plus importante est exposée ci-dessous.

Le bon fonctionnement de la démocratie suppose que, sur tout problème d'importance, chaque citoyen puisse élaborer un point de vue robuste. C'est aussi dans ce processus qu'il peut prendre en compte et évaluer l'ampleur de son devoir d'altruité. Pour cela, il faut, comme cela a été souligné, qu'il dispose d'informations pertinentes. Il est de sa responsabilité de s'informer correctement. C'est un devoir de l'individu. À ce devoir correspond un *droit à l'information* qui, lui, relève de la collectivité. À celle-ci échoit la charge de mettre en forme le savoir et les informations utiles à la vie en société et à l'exercice de la citoyenneté, et de faire en sorte que chacun y ait accès.

Ce droit à l'information n'est pas suffisamment développé. En général, bien qu'il existe, en nombre croissant, des sites Internet bien documentés – et trop peu connus –, le citoyen ne trouve pas facilement les informations dont il a besoin pour bâtir un point de vue robuste. Deux situations peuvent se présenter. Les données existent mais sont trop confinées à la sphère des experts. Il y a alors un problème de mise en forme et d'accessibilité. Par exemple, il n'est pas si simple de se procurer sous une forme simple et compréhensible les données qui décrivent l'état et la distribution des richesses nationales. Second cas possible : les données pertinentes font défaut. Il appartient alors aux chercheurs du monde académique de s'emparer du sujet pour dégager les connaissances pertinentes pour la conduite des actions individuelles et publiques. Ils peuvent le faire sur des sujets sensibles, usant du privilège de la liberté académique qui leur est accordé par la société pour cette raison même. Par exemple, l'étude de la transmission intergénérationnelle des inégalités constitue un domaine important mais délicat. Elle livre, aux États-Unis, des résultats sans appel. Un enfant né dans les 10 % les plus pauvres de la population n'a que 1,3 % de chances d'atteindre les 10 % supérieurs. S'il est né dans cette catégorie, il a 23 % de chances d'y rester. En outre, ces inégalités intergénérationnelles apparaissent corrélées avec des facteurs ethniques, mais aussi génétiques, comme le montre l'analyse comparée de jumeaux « vrais » et de jumeaux « faux[5] ». Qu'ils soient sensibles ou non, nombreux sont les champs de connaissance qui sont encore en friche, tout particulièrement dans le domaine de l'évaluation des politiques publiques et privées et dont les communautés de chercheurs devraient s'emparer.

On aura compris que les informations dont il s'agit débordent l'événementiel, et que leur collecte et leur diffusion ne sont pas seulement l'affaire des grands médias. Mais qu'en est-il de ceux-ci et de la qualité de l'information qu'ils délivrent ? Cette question a fait l'objet d'innombrables analyses dont les conclusions convergent. (1) De nombreux exposés portant sur des situations de fait, dans maints médias, sont médiocrement documentés. Trop souvent, on y trouve peu de données et de comparaisons solides, si possible chiffrées, qui permettraient de mieux objectiver la situation traitée. (2) Les débats sont, de ce fait, le plus souvent imprécis. Cela permet l'expression d'opinions motivées par des postures idéologiques ou politiques, ou par la contestation systématique, plutôt que construites à partir de faits établis. (3) Le citoyen de bonne foi qui cherche à s'informer a de la difficulté à se frayer un accès à des informations fiables. Les grands médias fournissent peu de dossiers bien documentés. Sur l'Internet, on trouve une masse considérable d'informations. Pour autant, il n'est pas facile de repérer les informations fiables, qui sont souvent noyées dans une masse d'autres qui ne le sont pas, et dont la diffusion à grande échelle n'est pas dépourvue de risques.

Cette situation a été maintes fois et justement critiquée. Elle est plus aiguë dans certains pays que dans d'autres, notamment lorsque les médias sont sous influence ou sous contrôle politique et/ou financier. Les raisons de cet état de fait sont pour la plupart bien connues. La pratique médiatique est intensément habitée par l'actualité, l'instantanéité et l'urgence. Il est vrai que les consommateurs d'informations que nous sommes en font grand cas. Les médias flattent et exploitent plus qu'il n'est souhaitable les ressorts émotifs et affectifs du public. La méthode journalistique s'écarte trop souvent de la règle princeps de l'exposé objectif, qui veut que l'on sépare les faits des jugements que l'on porte sur eux – les jugements n'étant alors que des opinions confusément motivées. Enfin, l'économie du système médiatique est trop souvent fondée sur les taux d'écoute ou sur les parts de marché, en partie dépendante des recettes apportées par la publicité[6].

Conjoncturellement, on peut s'inquiéter de la mauvaise santé économique d'une partie de la presse écrite et des grandes agences de presse qui ont été jusqu'à présent des sources majeures d'information de qualité. La numérisation de l'information et sa distribution électronique par divers supports en rendent l'accès de plus en plus facile à des coûts presque nuls. Cela constitue un formidable progrès si les informations diffusées sont qualifiées. Il en est ainsi des bases de données scientifiques et techniques dont l'accès libre et gratuit a révolutionné la diffusion de la connaissance et puissamment stimulé le démarrage de la recherche dans les pays en développement. La qualité des informations disponibles dans l'encyclopédie Wikipédia est généralement bonne et me paraît même s'améliorer. Son fonctionnement et son développement méritent d'être analysés et suivis. Elle pourrait bien devenir exemplaire, si la qualité des informations dans tous les secteurs de l'encyclopédie s'établit à un bon niveau.

METTRE LA CONNAISSANCE AU SERVICE DU BIEN COMMUN

Le système médiatique n'est ni le seul ni le principal responsable du déficit d'information dont souffre le citoyen. Il est évidemment adapté à ses « clients ». Un autre problème majeur est que des pans d'informations sont bel et bien, et délibérément, cachés pour de bonnes et de moins bonnes raisons, comme l'affaire Wikileaks l'a illustré. Des liens plus ou moins occultes existent à divers niveaux des organisations sociales. La fraude et la corruption sont par nature opaques, et peut-être plus répandues qu'on ne l'imagine d'ordinaire. Les collusions entre le monde politique et le monde financier ne manquent pas. Elles sont parfois institutionnalisées. Alors que l'encadrement du financement des partis politiques en France a constitué un progrès majeur en matière de transparence, on peut s'interroger sur le poids politique souterrain qu'exercent les grands donateurs sur les candidats aux élections américaines qui requièrent des levées de fonds considérables.

On ne soulignera jamais assez combien le partage du savoir est un enjeu de démocratie majeur. Il contribue à régler l'action des hommes et des femmes politiques, qui ont trop souvent recours au brouillage de l'information. Ils seraient plus facilement conduits à dire le vrai et à appuyer leurs propositions sur des données validées et expliquées de façon honnête si les citoyens pouvaient les juger sur ce point. De nombreux citoyens sont las des débats partisans qui offrent le spectacle de luttes de pouvoir menées, au mieux, au nom de vagues idéaux, auxquels le citoyen est invité à se rallier sous l'effet de la passion et de l'émotion plutôt que de la raison. Beaucoup de citoyens attendent que les politiques aient plus systématiquement recours aux faits, aux données, et adoptent des attitudes plus rationnelles, plus objectives et plus pragmatiques, au fond plus responsables et plus respectueuses. Prenons le cas des règles qui fixent l'impôt. En France, un ouvrage d'une grande clarté dévoile ce que chacun pressentait sans vraiment le savoir[7]. L'impôt est, sous plusieurs aspects, inéquitable. Le principe minimal d'équité horizontale (à revenu égal, impôt égal) n'est pas respecté. La progressivité de l'impôt est telle que proportionnellement les bas salaires sont plus imposés que les plus élevés. La question est avant tout et profondément politique. Elle n'apparaît technique qu'en raison de l'accumulation des niches fiscales qui ont brouillé le paysage. De façon exemplaire,

Camille Landais, Thomas Piketty et Emmanuel Saez ne prétendent pas proposer la meilleure réforme. Ils livrent une information sérieuse et compréhensible, et renvoient leurs lecteurs à un site Internet sur lequel chacun peut modéliser la réforme fiscale en fonction des paramètres qu'il introduit avant d'arrêter son attitude[8].

L'architecture des dispositifs de discussion démocratique mérite, elle aussi, réflexion. Chaque citoyen peut en principe émettre un point de vue robuste sur toute question importante. Mais comment celui-ci peut-il être pris en compte à l'échelle collective ? C'est un aspect fondamental de la citoyenneté. Si ces mécanismes sont inefficaces, le citoyen a une bonne raison de se désintéresser de la politique, mais ils ne peuvent non plus être trop lents. La question du temps dévolu à la discussion est importante, comme on le voit dans les débats qui entourent les grandes réformes. La vie démocratique a besoin d'une certaine efficacité, donc d'un certain laps de temps, et ce sans que vitesse devienne synonyme de précipitation. La tentation est grande pour les parties en présence d'utiliser le facteur temps de façon dilatoire, en le raccourcissant ou en le dilatant à l'excès. Il est donc important de réfléchir sous cet angle au fonctionnement effectif des relais de consolidation des avis individuels, notamment dans les partis politiques et dans les syndicats, mais aussi dans les réseaux sociaux qui voient le jour sur l'Internet. La mise à disposition d'informations chiffrées, synthétiques et honnêtes, sous une forme accessible, constitue donc aussi un important gain de temps dans la discussion démocratique, qui ne peut s'éterniser.

On notera que la dictature du court terme, relevée à propos de la dérive du contrôle financier des grandes entreprises (voir chapitre 4), est largement répandue. En témoignent notre goût immodéré pour l'actualité immédiate et la perte de mémoire qui l'accompagne. La « civilisation de la vitesse » a été dénoncée. Le plus critique, peut-être, est que les visions de long terme s'installent difficilement dans des systèmes démocratiques dans lesquels les mandats électoraux sont courts. Les succès économiques de certains pays aux régimes autoritaires peuvent être expliqués en partie par leur gestion du temps court (dans la prise de décision) comme par celle du temps long (le maintien d'options stratégiques de long terme).

Bien entendu, la politique est aussi affaire de pouvoir, non seulement de discussion démocratique. La raison principale pour laquelle, sauf exception, au moment de la décision politique, rien ne fait consensus est que les jeux de pouvoir prennent le pas sur le contenu de la décision. Presque partout, la polarisation politique réduit n'importe quelle élection à deux clans qui presque toujours ne diffèrent que de quelques points. Cela donne l'impression plus ou moins erronée qu'une petite fraction des électeurs (ou des abstentionnistes) fait la décision. Les soirs d'élections, les citoyens sont les spectateurs d'une joute qui se déroule dans l'arène politique. Ils comptent les coups sans trop s'interroger sur le contenu de programmes d'action souvent peu clairement exprimés, et nécessairement non consensuels, sans quoi la joute n'aurait plus d'intérêt.

Dans tous les domaines des activités humaines, de la science à la politique, en passant par l'économie, l'information apparaît comme un instrument de pouvoir. Tout, dans l'information, y compris sa mise en forme, ou son absence de mise en forme, est enjeu de pouvoir et source de privilèges. Quelques-uns sont contrôlés par la loi qui, par exemple, interdit les ententes illicites entre entreprises, leur fait obligation de transparence financière, etc. Il n'en demeure pas moins que les asymétries d'information entre individus et/ou entre institutions sont la règle. Le contrôle de l'information et sa distillation partisane ont toujours été, et restent, des modes de manipulation habituels.

La lutte politique est sans aucun doute indispensable en démocratie, utile à l'alternance et favorable au renouvellement des personnels aux postes clés. On peut apprécier les mérites de la bipolarisation quand on observe l'instabilité et les compromissions produites par les systèmes proportionnels. On ne peut cependant éluder la question de savoir si elle fonctionne de façon optimale pour l'intérêt public lorsqu'elle en arrive à détruire à peu près tout consensus et à donner l'impression que celui-ci n'est pas possible. Comme il a déjà été souligné, le consensus est caractéristique de l'activité scientifique et il explique en partie son succès. En outre, c'est le consensus qui est l'essence du jeu politique international. Le développement d'une culture de consensus se heurte donc aux mécanismes mêmes de la démocratie, en raison des jeux de pouvoir dont le fonctionnement démocratique finit par pâtir. Il faudrait introduire plus de vérité et plus de moralité dans la discussion et dans la décision démocratiques. Cela suppose à la fois un recours plus habituel aux questions de devoirs des citoyens, comme des hommes politiques (et donc, singulièrement, à l'altruité), et des retours incessants à la réalité et aux faits établis. La véritable capacité de contrôle des citoyens sur le monde politique se trouve dans l'information et dans le savoir. Les en priver produit une perte de libertés individuelles dont souvent ils n'ont pas conscience. C'est pourquoi le droit à l'information, tel que défini ci-dessus, est un élément capital, de remédiation, dans la plupart des démocraties.

LE CONTEXTE FRANÇAIS

Les problèmes de démocratie ne sont pas les mêmes aux États-Unis, au Canada, en Angleterre, en Allemagne ou au Japon. Voyons de plus près le contexte français. On ressent une poussée de l'inquiétude, la montée du développement d'un malaise social, une perte de repères, un désaveu croissant de la politique. Pour beaucoup, l'ascenseur social est en panne, ou du moins fortement ralenti ; les clivages sociaux se sont accrus ; la notion de solidarité se dilue. Le sentiment de l'injustice s'est accru depuis la crise de 2008. Il se nourrit de la santé insolente du système financier, des démonstrations excessives de richesse chez les plus favorisés, de la connivence entre certaines sphères politiques et le monde de l'argent. Tout cela, dira-t-on, à des degrés divers, a toujours existé. Même si tel est le cas, le poids attaché par l'opinion à ces déviances est un indicateur de l'ampleur du malaise social.

Ce déficit de confiance ne touche pas seulement le monde politique, ou telle ou telle de ses factions. L'État lui-même semble être en situation de faiblesse morale, miné qu'il serait par les défaillances attribuées au politique. Certaines institutions fondamentales, comme la justice, ne bénéficient plus de l'estime qu'elles devraient mériter. Le système éducatif public est tenu pour être en déserrance. Les administrations publiques sont considérées comme hypertrophiées, tiraillées entre le pouvoir central et les collectivités locales, tout autant qu'entre la gestion dite de type public ou celle de type privé.

Soyons honnêtes. Il s'agit d'impressions incertaines. Elles dressent sans doute un tableau trop noir d'une réalité moins sombre. Évitons de tomber dans le catastrophisme, alors que, sous bien des aspects, nos résultats économiques et notre système social suscitent l'envie dans de nombreux pays. Reconnaissons aussi que la culture de la critique allant jusqu'à l'autodénigrement est particulièrement développée en France. Il n'en demeure pas moins que le malaise social est installé, et depuis pas mal de temps. Pourquoi ?

Ma thèse est la suivante. Notre culture nationale et notre histoire politique sont fortement imprégnées par la devise républicaine : liberté, égalité, fraternité. Nous faisons face aujourd'hui à trois problèmes. Le premier est profondément culturel : c'est notre tendance à penser ces trois notions sur le mode de l'universalité plutôt que de les décliner également de façon pragmatique et contextualisée. Cela nous conduit trop souvent à adopter des positions de principe qui manquent de réalisme. Elles interfèrent avec les réflexions qui pourraient aboutir à des solutions efficaces et finalement plus conformes à des principes fondamentaux mal transposés dans la réalité par une mise en œuvre trop générale. Le deuxième problème, qui est exacerbé par le premier, touche à la notion d'égalité. J'ai montré plus haut à quel point, contrairement à l'idée de liberté, l'idée d'égalité est radicale. Si on demeure dans le champ de l'universel, elle est inutilisable et même contradictoire avec l'idée de liberté lorsque l'on traite des droits sociaux. Il faut alors déplacer la réflexion de l'universel au contextuel et adopter un point de vue pragmatique, tout en gardant l'universel en ligne de mire. Enfin, le troisième problème vient du fait que l'idée de fraternité affirme le lien humain mais n'est pas clairement définie, en ce sens qu'elle ne fait qu'effleurer l'idée du devoir de ce lien. Elle n'explicite pas la notion du devoir individuel associé à la liberté, que nous avons défini comme devoir d'altruité.

Au total, la combinaison d'un déficit de conscience du devoir individuel d'altruité et du traitement trop universaliste de notre idée de l'égalité me paraît éclairer les flottements actuels. Comme on l'a vu, le premier constitue une faille du libéralisme contemporain dans son ensemble. Le second est plus spécifique de notre pays et de sa culture. Le malaise national provient de la prise de conscience, encore confuse, du fait que l'État peine à remplir le pacte républicain et à garantir son accomplissement. Cela s'explique par l'accumulation de la demande légitime de libertés individuelles qui induit une charge de droits sociaux devenue insupportable pour un État auquel les individus ont délégué trop de devoirs individuels. Un déséquilibre est installé entre droits et devoirs. Dans le même temps, l'absence de prise en compte du devoir individuel d'altruité permet à certains d'accroître sans vergogne leurs libertés individuelles, notamment leurs richesses. L'injustice sociale se développe donc. Les excès individuels et les insuffisances de l'État sont compris comme des manques d'ordre moral, et le politique, incapable de les gérer, s'en trouve, plus encore, discrédité.

Les difficultés de notre système universitaire en fournissent l'illustration. Au nom de l'égalité parfaite, on a longtemps refusé l'orientation et la sélection dans les universités, et prétendu par principe qu'elles devraient délivrer des enseignements de niveau équivalent. Dans les faits, il en est résulté d'importantes difficultés dans beaucoup d'universités asphyxiées par un flux incontrôlé d'étudiants. On a ensuite pratiqué une sélection partielle et non transparente, tandis que se développaient toujours plus de grandes écoles et d'écoles privées, payantes, réservées aux enfants des familles les plus aisées. Au nom de l'égalité universelle, on a ainsi creusé les inégalités et gravement porté atteinte à l'égalité des chances des étudiants, l'un des piliers de la justice sociale. On a finalement diminué, plutôt qu'augmenté, les libertés individuelles d'une partie de la population. La prise en considération des idées de liberté et d'altruité aurait limité les effets pervers de mesures fondées sur l'égalité radicale.

On peut enfin souligner qu'en France les débats sur le libéralisme sont particulièrement polémiques. Raymond Boudon[9] a analysé les raisons pour lesquelles de nombreux intellectuels français font preuve d'une hostilité systématique envers le libéralisme et le rejettent par principe. L'amalgame trop fréquemment pratiqué entre philosophie libérale et libéralisme économique est source de malentendus surprenants et récurrents que certains s'emploient avec talent à dissiper[10]. On peut être en plein accord avec la philosophie libérale classique sans souscrire aux thèses du libéralisme économique et encore moins de l'ultralibéralisme. C'est l'évidence même. Pourtant la confusion est entretenue. C'est un véritable handicap pour le débat démocratique en France.

CHAPITRE 9

Penser la justice sociale au niveau mondial

Notre monde est confronté à une série de problèmes globaux majeurs. Deux sont particulièrement aigus et emblématiques par leur nature et par leurs conséquences. Il s'agit de la pauvreté et du réchauffement climatique. Dans des registres différents, tous deux sont d'une extrême gravité.

Faut-il une fois encore citer, au risque de passer pour « racoleur », ces chiffres stupéfiants ? L'extrême pauvreté et la faim, qui touchent près d'un milliard d'individus, provoquent des dizaines de millions de morts par an. Un enfant meurt toutes les trois secondes, une mère, chaque minute. La pauvreté constitue, plus que les bombes et les attentats, la plus massive des armes de destruction. Certains prétendent qu'il s'agit de problèmes locaux et que chaque pays n'a qu'à se débrouiller avec ses pauvres. D'autres pensent que la question est strictement humanitaire. Ces visions sont courtes. Le problème est aussi profondément politique. C'est peut-être même le plus important des problèmes de la politique internationale. Comment imaginer que ces malheurs, ces humiliations, les désespoirs qui les accompagnent, ne soient pas récupérés et ne finissent par engendrer la révolte et l'instabilité, alors que, grâce aux nouveaux moyens de communication, la richesse des pays développés est partout et sans la moindre pudeur exposée ? Les questions de survie sont évidemment la source première des déplacements de populations, des migrations massives et des phénomènes d'immigration clandestine. Les ressentiments qui les accompagnent sont à l'origine de problèmes mondiaux majeurs. Ils mettent en danger la sécurité internationale, comme en témoigne pour partie le terrorisme, arme du pauvre, dont on ne saurait croire de façon simpliste qu'il est instrumentalisé par les seuls fanatismes religieux ou nationalistes.

Pour ce qui est du réchauffement climatique, ce sont plutôt les hypothèses les plus pessimistes qui semblent prendre le dessus. Roger Guesnerie dresse l'inventaire des solutions possibles et des progrès en cours, et montre que les blocages sont nombreux et difficiles à lever[1]. Les petits ruisseaux pourraient ne pas faire une assez grande rivière, et le seuil de CO_2 considéré comme dangereux par les climatologues pourrait être atteint dès 2030. On n'apprécie pas encore assez toutes les conséquences négatives de cette évolution probable. En particulier, on ne mesure pas encore suffisamment l'impact des catastrophes naturelles qui peuvent en résulter, surtout dans les pays en développement. C'est en points de produit intérieur brut qu'il faut souvent évaluer leurs dégâts. Leur multiplication probable peut gravement interférer avec la croissance économique.

La résolution de tout ce qui touche à la gestion des biens et des maux publics mondiaux requiert des accords internationaux, fondés sur le consensus et non sur le vote majoritaire. Même si certains appellent ce dernier de leurs vœux, on ne voit guère comment y parvenir, et je ne crois pas, pour ma part, que cela soit souhaitable. De toute façon, dans l'immédiat, c'est bien le consensus qui est de règle. Or il est absurde d'imaginer qu'il puisse être atteint sans que les bénéfices et les fardeaux associés à la mise en œuvre des solutions retenues soient équitablement partagés. L'idée que les pays riches devraient se montrer généreux dans la répartition des charges, en endossant une part un peu plus lourde que les autres, est inappropriée. C'est d'équité et non de générosité qu'il s'agit. Cela vaut également pour d'autres problèmes internationaux dont on peut espérer qu'ils se règlent par la discussion plutôt que par le conflit, par exemple la répartition régionale de ressources naturelles entre pays limitrophes (comme l'eau d'un bassin ou d'un fleuve). Toutes ces questions mettent en jeu la sécurité régionale ou mondiale.

L'INVARIANCE DE L'IDÉE DE LIBERTÉ DANS LES GROUPES SOCIAUX

Dans ce contexte, quel serait le cadre propice pour progresser par la discussion vers des ententes plutôt que d'aboutir à la violence et aux conflits ? Pour le définir, j'avancerai la proposition suivante. Tout ce qui a été affirmé jusqu'ici sur les libertés de l'individu est valable pour n'importe quel groupe social, doté d'une individualité et qui prétend à la liberté. Pour que cet énoncé soit valable, il faut que le groupe social se considère et soit considéré comme ayant une certaine unité. Il peut s'agir d'une famille, d'une entreprise, d'une ONG, d'une nation. Si ces critères sont remplis, le groupe social a des droits et, par conséquent, des devoirs. Un de ses droits majeurs est le droit à la liberté. S'il en jouit, il a donc tout autant un devoir d'altruité.

Une société est donc non seulement un ensemble d'individus, mais aussi un ensemble complexe d'individus et de groupes. Ainsi, comme toute autre, la société française est constituée d'un certain nombre d'individus, de ménages, d'équipes de sport, d'entreprises petites et grosses, d'associations caritatives, de partis politiques, etc. Une personne appartient en général à plusieurs groupes. Chaque groupe a son unité et ses degrés de liberté. Un ménage est libre, par exemple, de ses choix de consommation ; une association caritative, du choix de son objet social, etc. La liberté d'un groupe, quel qu'il soit, s'arrête là où commence celle des autres (individus et groupes). Elle est aussi construite grâce à celle des autres. Cette interdépendance justifie de façon logique l'idée que le groupe a un devoir d'altruité, dont le fondement moral est la contrepartie de la liberté dont il profite. L'individu n'est pas le seul à devoir faire son autoanalyse pour évaluer l'ampleur de ses libertés et celle de son devoir d'altruité. Il en va de même de n'importe quel groupe constitué. Cela suppose et impose l'existence de mécanismes qui permettent de le faire, ainsi que des modes de gouvernance appropriés dont le mode démocratique peut fournir le modèle.

Cette notion peut être utilement appliquée à de nombreuses situations. Ainsi, l'un des problèmes auxquels l'économie sociale est confrontée dérive de la multiplicité d'intervenants indépendants, ce qui peut soulever des problèmes de coordination ou de coopération. Pour ne prendre que les seules ONG, leur multiplicité est telle que, dans l'action humanitaire par exemple, d'importantes questions se posent sur le terrain. On observe trop souvent une absence de communication et de coopération qui nuit gravement à l'efficacité de l'action ou conduit à dissiper de façon inutile (par exemple par des duplications) des moyens déjà insuffisants. J'ai montré ailleurs comment le problème pouvait être abordé[2]. L'approche consiste à considérer les acteurs de terrain comme formant une communauté. Celle-ci devrait élaborer ses règles de communication et de gestion en s'inspirant notamment de celles qui ont fait la preuve de leur efficacité, comme les communautés scientifiques. Ainsi, dès lors que les ONG font société, chaque ONG, parce qu'elle revendique sa liberté, doit également définir son devoir d'altruité, non seulement en rapport avec sa mission, mais aussi envers les autres ONG. Cette intrusion de l'altruité dans un monde habité par la générosité n'est pas anodine. La générosité ne peut légitimer ni une totale liberté d'action, ni l'absence de contrôle, ni le refus de la critique. La structuration du milieu des ONG autour de l'idée d'altruité est une des conditions du progrès de leur efficacité collective.

LIBERTÉ D'UNE NATION ET DEVOIR NATIONAL D'ALTRUITÉ

Les habitants de la planète constituent une société habituellement décrite comme une société de nations. Cela revient à prendre la nation comme le sous-ensemble social pertinent. Ce découpage n'est pas le seul possible. Tous les individus ou presque font aussi partie d'autres entités. Toutes ne sont pas internes à la nation. D'autres, en nombre croissant, sont transnationales. Il peut s'agir d'entreprises multinationales, d'ONG, de communautés religieuses ou encore de communautés virtuelles dont le nombre et le volume augmentent avec le développement des nouveaux systèmes de communication. Par conséquent, la société mondiale n'est pas forcément ni simplement réductible à une société de nations. Il existe d'autres acteurs transnationaux dont certains sont riches, influents et puissants, et qui mobilisent des ressources et des capacités d'action équivalentes ou supérieures à celles de beaucoup d'États. Leur richesse, leur influence et leur puissance ne sont pourtant pas synonymes de légitimité. Leurs objets sociaux, leurs sources de financement, leurs modes de gouvernance, leurs manières d'opérer peuvent poser question. Les systèmes mafieux en fournissent l'exemple le plus caricatural, mais, plus généralement, on ne peut accorder les yeux fermés de légitimité absolue à toutes les grandes ONG, ni considérer comme représentatifs tous les groupes sociaux qui se font et se défont sur l'Internet.

Une nation est classiquement définie comme une grande communauté humaine caractérisée par la conscience de son unité et la volonté de vivre en commun sur un territoire identifié, et personnifiée par une autorité souveraine. En démocratie, cette autorité est remise au peuple, et le mécanisme de décision habituel est fondé sur la règle de la majorité. Contrairement au consensus, celle-ci ne protège pas pleinement les minorités, ethniques, religieuses ou culturelles. Ainsi, il est arrivé que des gouvernements démocratiquement élus aient procédé à des « nettoyages » ethniques – souvent, il faut le souligner, en opposition avec des constitutions qui en garantissaient les droits. Quant aux minorités économiques pauvres, elles sont protégées par les systèmes d'assurance sociale lorsqu'ils existent, ce qui, en démocratie, suppose qu'une majorité en ait ainsi décidé et en ait délégué la charge à des entités le plus souvent dépendantes de l'État.

Alors qu'au niveau national rien ou presque ne fonctionne par consensus, c'est le consensus qui devrait opérer à l'échelle mondiale. Les notions de liberté et d'altruité, appliquées aux nations, prennent ici toute leur importance. Par définition et par construction historique, toute nation entend être libre. Par voie de conséquence, chaque nation doit prendre conscience de l'existence d'un devoir d'altruité national, qui doit s'exercer à l'intérieur comme à l'extérieur de ses frontières. C'est à ce niveau que s'évalue la contribution de chacune des nations à la gestion de biens collectifs que sont notamment la paix, la stabilité, le contrôle des épidémies, du réchauffement climatique, de la pollution des mers, etc., bref, de tout ce qui est aujourd'hui reconnu comme bien (ou mal) public mondial. Il est donc essentiel que chaque nation mette en place les processus d'autoévaluation qui lui permettent d'évaluer son abondance de libertés (au sens de libertés individuelles, mais à l'échelle nationale) et, corrélativement, l'ampleur de son devoir d'altruité, ce dernier étant proportionné à l'abondance de ses libertés, notamment de ses richesses. Il est tout aussi essentiel que les nations acceptent d'exposer leur autoévaluation sur ces deux points et de les soumettre à une discussion critique, afin d'en obtenir la validation.

SOCIÉTÉ OU COMMUNAUTÉ DES NATIONS ?

Ces objectifs sont aujourd'hui rarement énoncés de façon claire, et les dispositifs qui permettent de les atteindre sont rarement en place. Ils ne figurent pas de façon systématique dans les agendas des discussions démocratiques nationales, d'où les questions internationales sont plutôt absentes. En France, par exemple, la question européenne est peu présente dans les débats politiques nationaux. Elle est peu évoquée lors des élections présidentielles. Le taux d'abstention aux élections du Parlement européen est généralement supérieur à celui des autres élections. Le titre de parlementaire européen manque de prestige, alors que, dans les faits, l'Union européenne pèse fortement dans la vie nationale. Tout se passe comme si le sentiment national domine au point de reléguer le fait européen à un niveau inférieur à celui qu'il occupe en réalité. Cette remarque vaut pour beaucoup d'autres problèmes internationaux, à l'exception toutefois de quelques questions planétaires, comme celle du climat, lorsqu'elles sont fortement médiatisées.

Ce constat appelle l'attention sur la question du nationalisme[3]. L'unité d'une nation et la volonté de ses habitants de vivre ensemble résultent de processus culturels et historiques plus ou moins stabilisés. Certains pays sont le siège de conflits internes violents, souvent associés à des problèmes ethniques et religieux. On ne peut faire abstraction du fait que le nationalisme a été, et continue d'être, la cause et la justification d'un nombre incalculable de guerres et d'atrocités. Il est une des sources principales des conflits et des génocides qu'a connu et que connaît encore la planète. Le « sentiment national », exacerbé par des considérations d'appartenance ethnique et religieuse, est un moteur d'intolérance. Trop souvent, les partis politiques, tout à la fois, l'expriment et s'en nourrissent. L'activation du sentiment national rentre dans les jeux électoraux. La question du nationalisme ne peut être éludée non seulement en raison des dégâts que celui-ci provoque, mais aussi parce qu'il constitue un fondement des communautés humaines et un moteur de leurs projets. C'est aussi en cela que l'examen au niveau national du devoir d'altruité national, à des fins nationales et internationales, est particulièrement important. C'est, de façon positive, un élément de construction du projet national que chaque pays peut entreprendre de définir. C'est une manière d'avancer vers l'idée et le sentiment de l'appartenance à une communauté mondiale qui, au lieu d'être fragmentée par les intolérances, est rassemblée par l'attachement commun à la liberté et à l'altruité.

Faut-il donc penser « société » ou « communauté » des nations ? Les deux termes ne sont pas équivalents. Une société est dotée d'une organisation et de dispositifs formels qu'une communauté ne possède pas nécessairement. Comme il a été noté plus haut (voir chapitre 8), une gouvernance de type communautaire peut réussir là où les prétendues

« lois » du marché et/ou les règles édictées par la puissance publique échouent à régler certains problèmes. Une communauté internationale suffisamment interconnectée et empreinte d'un niveau suffisant de confiance et d'altruité peut parvenir à mettre en place des normes informelles. La convergence vers l'objectif commun peut advenir sans que la communauté ait voté ou explicité un consensus, et donc sans que les acteurs aient le sentiment d'avoir perdu leur autonomie devant une obligation contraignante. Après le demi-échec du protocole de Kyoto, il se pourrait que les négociations visant à régler la question du réchauffement climatique prennent ce chemin.

PENSER LA JUSTICE SOCIALE JUSQUE DANS LA GLOBALISATION

Comme les tissus démocratiques nationaux, le terrain mondial sur lequel sont gérés les problèmes planétaires mérite lui aussi remédiation. Les organisations des Nations unies sont nées d'une idée magnifique. Elles sont empreintes d'intentions morales et généreuses, dont témoigne la Déclaration universelle des droits de l'homme de 1948. Elles sont le lieu principal et indispensable de discussion entre les nations, mais elles manquent de moyens financiers et de capacités opérationnelles. Leur nombre (une cinquantaine en 2010) s'est accru sans qu'elles disposent des ressources voulues. Elles donnent, pour beaucoup, l'impression d'être peu efficaces et de souffrir d'une hypertrophie administrative et technocratique. On discute donc d'une réforme qui vise surtout à optimiser les performances du système actuel avec les moyens existants et si possible un peu plus. Une meilleure coordination avec les grandes ONG et les grandes fondations internationales pourrait améliorer la cohérence des actions, tout en fournissant un levier aux organisations des Nations unies. L'autre grand chantier est celui de la réforme du système financier international, qui a peu évolué depuis Bretton Woods (1948).

À mes yeux, la plus importante des réformes serait de reconnaître l'importance capitale du devoir d'altruité et de le faire pénétrer dans les agendas des Nations unies. Cela suppose que les nations soient incitées à entreprendre individuellement et à formaliser l'autoévaluation de l'ampleur de leurs libertés et de leur devoir d'altruité national pour les mettre en discussion dans les enceintes des Nations unies. Ce seul mouvement en renforcerait le rôle et l'influence. L'importance politique profonde du devoir d'altruité national dans les questions internationales provient du lien de proportionnalité posé plus haut (voir chapitre 10) entre libertés individuelles et devoir individuel d'altruité. Ce lien jette les bases d'une conception de la justice interindividuelle. S'il est de même incorporé dans chacune des analyses nationales, il devient le socle d'une conception de la justice à l'échelle internationale. Selon celle-ci, dans la gestion des biens et des maux publics mondiaux, comme le changement climatique, ce serait aux nations les plus favorisées, selon des critères qu'elles auraient elles-mêmes déterminés puis discutés avec d'autres, de faire le plus d'efforts. Dans des conflits régionaux, comme celui qui oppose Israël et la Palestine, les parties prenantes seraient mises en situation d'apprécier différemment leurs responsabilités. Au total, l'explicitation du devoir d'altruité est un instrument théorique d'amélioration de la justice sociale non seulement à l'intérieur des États, mais aussi entre nations et dans un monde en globalisation.

L'indispensable développement d'une culture du consensus à l'échelle internationale requiert une compréhension de la culture des autres. C'est encore une manifestation de l'altruité. Par exemple, dans certaines cultures, dont la chinoise, la résolution d'un problème n'implique pas forcément de lui trouver une solution. On acceptera plus facilement qu'en Occident de laisser en place les tensions, sans les résoudre au niveau théorique, en estimant qu'elles constituent un terreau de réflexion d'où ne se dégagera pas obligatoirement une vérité unique. Le fait même que les tensions demeurent constitue, en quelque sorte, le consensus[4]. Dans un autre registre, la notion même de « personne », identifiable comme entité autonome par rapport à son environnement, varie selon les cultures. Elle n'est pas la même, par exemple, dans les cultures occidentales, asiatiques et musulmanes. La question de l'individualisme se pose alors en termes différents. Si l'idée même d'altruité doit être comprise et partagée par tous, de façon à avoir une efficacité pratique, il faut en rechercher les équivalents et les corrélats dans les cultures non occidentales : africaines, asiatiques, sud-américaines, etc. Ce à quoi il conviendrait de rajouter toutes les considérations d'ordre religieux qui pénètrent les civilisations et influencent profondément leur éthique. Les études de civilisation, de philosophie et d'éthique comparées sont indispensables pour progresser dans une culture du consensus qui fait aujourd'hui défaut – que celle-ci s'exprime dans le cadre formel d'une société ou celui, informel, d'une communauté des nations.

LA QUESTION ÉCONOMIQUE GLOBALE

Encore faut-il que l'économie mondiale s'adapte et se moralise. Les voies de changement et d'amélioration sont connues et ne manquent pas. Certaines relèvent directement de la volonté – ou de l'absence de volonté – d'un certain nombre de nations de pratiquer des arbitrages internes qui rééquilibreraient sur tel ou tel point critique la balance mondiale. C'est ainsi que d'importantes subventions à l'agriculture dans certains pays riches ont pour effet de dégrader la situation économique de l'agriculture de pays pauvres. C'est le cas de la politique agricole commune de l'Union européenne[5], et des subventions de 2,4 milliards de dollars attribuées aux États-Unis en 2006 à 27 000 cultivateurs de coton[6]. D'autres changements sont liés à la mise en place de régulations internationales qui devraient moraliser la finance, par exemple pour interdire les paradis fiscaux, contrôler la circulation de l'argent mafieux et dégager des ressources pour mieux gérer les problèmes planétaires. Toutefois, la puissance acquise par la finance internationale est considérable. Le rapport des forces n'est pas forcément favorable aux États, pour autant que ceux-ci ont la volonté de s'y attaquer. Le monde de la finance pourrait-il s'amender de lui-même ? Le développement de l'économie sociale et solidaire et celui de l'investissement socialement responsable donnent quelque espoir. Mais l'émergence de l'entrepreneuriat social est encore un phénomène mineur et constitue aujourd'hui plutôt une série d'expériences nationales. Son extension dans le domaine international pourrait nécessiter beaucoup d'harmonisation juridique et réglementaire. Il s'en faut de beaucoup, et il n'est en rien acquis que l'économie sociale et solidaire, qui constitue un vecteur de l'altruité en économie, bouscule le capitalisme international au point d'en susciter la réforme.

En deçà de cette moralisation espérée, mais nullement acquise, se posent des problèmes fondamentaux de théorie économique. Des voix de plus en plus nombreuses dénoncent l'inanité du libre-échange érigé en dogme universel. Tout d'abord, et les exemples ci-dessus l'illustrent, il arrive que les États les plus riches pratiquent, de façon hypocrite, lorsque cela les arrange, une forme directe ou indirecte de protectionnisme. Ensuite, comme je l'ai montré au chapitre 4, le libre-échange devrait intervenir entre hommes libres et, en vertu de la généralisation opérée plus haut, entre groupes sociaux et nations libres. Cette liberté est-elle effective lorsqu'une nation très riche commerce avec une nation très pauvre ? Dans la ligne du « protectionnisme éducateur » prôné au XIXe siècle pas Friedrich List[7], Erik Reinert[8] souligne que tous les pays aujourd'hui riches ont entamé leur croissance par une phase d'industrialisation sans libre-échange. Celui-ci aurait-il pour conséquence de plonger les pays pauvres dans une situation de colonialisme économique ? À l'instar de l'*Homo economicus*, les nations seraient-elles « déshumanisées », transformées en *res publica economica* et traitées à leur tour comme des choses ? Sans poursuivre ce parallèle, il paraît légitime de se demander si l'ordre économique mondial actuel maximise le commerce mondial, plutôt que le revenu mondial, et ce, au bénéfice des plus riches et des plus puissants.

Les moyens nécessaires pour traiter les grands « maux » publics mondiaux sont difficiles à chiffrer. Les estimations varient dans une large fourchette. Pour le climat, après le rapport Stern[9], on peut retenir l'évaluation produite par l'Agence internationale de l'énergie[10] : 1,9 % du PIB mondial (40 000 milliards de dollars en 2010), soit 18 000 milliards de dollars d'ici à 2035. Il faudrait (seulement ?) 40 milliards de dollars par an pour atteindre les Objectifs du Millénaire pour le développement retenus pour 2015[11]. Comme il a été indiqué en introduction, si le total des fonds nécessaires n'est pas réuni, les deux objectifs se trouveront en compétition. Cela pose et posera des choix moralement difficiles, sinon injustifiables[12]. On finira sans doute par réunir des moyens significatifs. À part l'appel à la générosité privée, on cherche – pour commencer – des mécanismes « indolores », dont la taxe sur les billets d'avion a fourni l'exemple, et dont le mécénat privé a exploré les voies (arrondissements des factures au montant supérieur, dons volontaires minimes automatiques, etc.). La célèbre taxe Tobin[13] sur les mouvements financiers ne cesse de refaire surface. Les tenants d'une économie dérégulée y sont évidemment hostiles, comme à toute forme de taxation, et ont prétendu que ces taxes déstabiliseraient les marchés financiers – dont l'expérience a prouvé qu'ils avaient bien d'autres fragilités. On finira par adopter des mesures de ce genre, dont la mise en œuvre pose des problèmes techniques que l'on saura sans doute régler. Il faudra encore en affecter les produits. Toutes les organisations internationales ou presque, dont le FMI, sont potentiellement candidates, souvent avec de bonnes raisons. L'altruité sera à nouveau nécessaire pour éviter que ces fonds ne soient détournés de leurs applications prioritaires à la lutte contre la pauvreté et contre le réchauffement climatique. Une éthique de la solidarité mondiale sera plus que bienvenue[14].

QUATRIÈME PARTIE

Une nouvelle philosophie politique

Introduction

À ce stade, je pense avoir accumulé suffisamment d'éléments de réflexion pour pouvoir les rassembler et montrer qu'ils esquissent une nouvelle philosophie politique. Je l'appelle « libéralisme altruiste » parce que sa singularité est d'être fondée sur l'idée d'altruisme et plus précisément sur celle d'altruité.

Tout d'abord, je renverrai ceux qui pourraient d'emblée juger ce projet insensé à cette réflexion d'Emmanuel Kant[1] : « *La République* de Platon est devenue proverbiale, comme exemple prétendu frappant d'une perfection imaginaire qui ne peut avoir son siège que dans le cerveau d'un penseur oisif [...]. Mais il vaudrait bien mieux s'attacher davantage à cette idée et [...] la mettre en lumière grâce à de nouveaux efforts que de la rejeter comme inutile sous le très misérable et très honteux prétexte qu'elle est irréalisable. Une constitution ayant pour but la plus grande liberté humaine fondée sur des lois qui permettraient à la liberté de chacun de subsister en même temps que la liberté de tous les autres [...] c'est là au moins une idée nécessaire. » L'idée nécessaire en question requiert à mon sens que chacun s'efforce d'apporter sa pierre à l'édifice intellectuel, ce que je fais ici.

Si, comme je le prétends, l'idée, morale, d'un « devoir de la liberté » est aujourd'hui négligée, il devient indispensable d'en explorer les conséquences négatives en politique. Et, si le libéralisme, compris comme philosophie politique de la liberté, est effectivement malade de ce que j'ai défini comme un déficit d'altruité, il faut en examiner les symptômes et en trouver les remèdes. C'est bien ce à quoi je me suis attaché dans les chapitres précédents en m'appuyant sur l'analyse de problèmes contemporains. Dans cette dernière partie, je débarrasse ces aperçus de leur côté conjoncturel pour en abstraire les principes sous-jacents.

J'utilise deux approches convergentes. Tout d'abord (voir chapitre 10), je me place sous l'angle de la philosophie morale et j'explore ses prolongements politiques. C'est ainsi que je reprends l'idée de liberté et que j'analyse les conséquences qui découlent de l'introduction et de l'affirmation de l'idée d'altruité. On verra que cela conduit notamment à une vision particulière de la justice sociale. Ensuite (chapitre 11), je prends le parti de la philosophie politique en convoquant des éléments de philosophie morale. L'agencement d'une quarantaine d'arguments ordonnés fournit un premier tableau de ce que j'entends par *libéralisme altruiste*.

CHAPITRE 10

L'altruité comme élément de philosophie morale

La liberté d'un individu peut être entendue de plusieurs manières. C'est d'abord l'état d'une personne qui ne se trouve pas sous la dépendance absolue de quelqu'un d'autre ; elle est alors le contraire de l'esclavage. Plus généralement, c'est l'état de celle ou de celui qui ne subit pas de contraintes. C'est enfin la capacité ou le pouvoir d'agir selon sa propre détermination. Dans une distinction devenue classique[1], Isaiah Berlin distingue la liberté « négative » de la liberté « positive ». La première est l'absence d'obstacles, de barrières ou de contraintes généralement externes à l'individu. La seconde renvoie à la capacité d'action d'un individu. Celle-ci relève pour partie de facteurs intrinsèques à ce dernier, tels que son autonomie, sa volonté d'agir, et donc de son développement personnel. Comme on le verra plus loin, une des questions primordiales qui divise le libéralisme en plusieurs philosophies politiques est le rapport de l'individu à l'État. Celui-ci peut être source de contraintes et donc mettre un frein à la liberté « négative ». Il peut aussi contribuer, par l'éducation par exemple, à l'épanouissement de l'individu, à la réalisation de soi – ou, au moins, à la possibilité de la réalisation de soi – et favoriser ainsi sa liberté « positive ».

LIBERTÉ CONTRAINTE ET LIBERTÉ CONSTRUITE

L'idée de liberté comprend une boucle de régulation. Elle intègre l'acceptation de certaines contraintes dans la mesure où il est communément admis que « la liberté des uns s'arrête là où commence celle des autres ». Cette règle élémentaire de la vie en société implique que la liberté d'une personne a des limites. La conception « négative » de la liberté comme absence de contraintes ne peut dont être comprise de façon radicale. Elle ne peut être absence de toutes les contraintes, à moins que celles-ci ne soient acceptées par l'individu. Alors le caractère de la contrainte s'évanouit. Elle peut disparaître, spontanément ou bien au terme d'une démarche rationnelle. Ainsi, je peux au premier abord juger insupportable de payer un impôt, puis en accepter le principe après en avoir pesé les tenants et les aboutissants. La contrainte s'efface puisque je l'accepte. Bien entendu, il faut s'interroger sur les conditions de cette acceptation. Celles-ci – comme en médecine –

doivent relever d'une forme de consentement éclairé. Si la liberté positive recouvre une réalisation de soi fondée sur l'autonomie et sur l'autodétermination, elle peut être tenue pour complémentaire de la liberté négative. Ce sont des qualités d'autonomie et d'autodétermination qui, introduites dans un processus réflexif, peuvent aider l'individu à prendre position par rapport aux contraintes auxquelles il est soumis.

D'où une première idée : si la liberté constitue un droit naturel (c'est-à-dire un droit inaliénable que possède l'individu à la naissance avant toute société[2]), le plein exercice de ce droit requiert un effort, un travail réflexif personnel qui, comme nous y insisterons, relève de l'introspection. En ce sens, *la liberté, même tenue pour un droit radical, est dans la réalité modulée par l'idée que l'individu s'en fait*. Cela n'a rien d'une argutie. Cela veut simplement dire que, *jouissant de la liberté par principe, nous pouvons être plus libres encore si nous réfléchissons aux conditions de son exercice.*

Cette affirmation est importante en soi. Elle est aussi l'illustration d'une méthode de réflexion qui consiste à inclure dans un concept les modalités de son utilisation – en raccourci, à combiner l'idée et son mode d'emploi. Cela suppose une démarche rationnelle, qui permet de considérer un concept (ici : la liberté) à la fois comme un principe radical (la liberté est un droit naturel inaliénable) et comme un énoncé relatif (une personne peut être plus ou moins libre). Cette dualité est importante. L'usage qui peut en être fait de façon plus générale a été évoqué dans le chapitre 5. Retenons que la rationalité me permet de relativiser et d'adapter à ma situation l'idée de liberté tout en lui conservant son caractère absolu.

Une démarche réflexive de même nature permet à l'individu d'apprécier l'ampleur et les carences de ses libertés individuelles, de ses « capabilités », au sens défini par Amartya Sen[3]. De façon pragmatique, que signifie ma liberté fondamentale de vivre si je meurs de faim et n'ai pas de quoi m'acheter du pain ? La pauvreté est perte de liberté. Plus généralement, nous sommes plus ou moins libres selon nos conditions d'existence. Par un travail d'introspection et d'analyse rationnelle, une personne peut donc accepter certaines contraintes de la vie en société et en refuser d'autres, en mesurant la nature, l'abondance ou l'insuffisance des libertés individuelles ou des capabilités dont elle dispose ou ne dispose pas.

Il reste à souligner un point essentiel. Les conditions externes qui encadrent les libertés de l'individu sont en fait de deux ordres. On les perçoit d'ordinaire comme des contraintes négatives et par conséquent restrictives. On oublie souvent les autres conditions, cette fois positives, qui aident à la construire. En d'autres termes : *ma liberté n'est pas seulement limitée par celle des autres. Elle est aussi construite grâce à celle des autres.* Pour être libre de vivre, il me faut pouvoir acheter du pain. Il faut aussi un boulanger pour faire le pain. Cette évidence trop négligée s'impose de façon encore plus pressante à mesure que l'interdépendance des hommes sur une planète de dimensions finies s'accroît. Si la globalisation tant célébrée ou décriée doit nous faire réfléchir, c'est bien sur le caractère construit tout autant que contraint du fondement de notre liberté.

Au total, l'idée de liberté est composite. Elle recouvre à la fois un principe absolu et l'énoncé relatif des libertés individuelles. Cela n'est ni contradictoire ni paradoxal, dès lors que la personne se livre à un travail réflexif fondé sur les facteurs externes négatifs et positifs qui conditionnent sa situation. Enfin, parce que la liberté de chacun se construit grâce à celle des autres, il en découle que chaque personne est supposée participer à la construction de la liberté des autres.

LES DEVOIRS ASSOCIÉS À L'IDÉE DE LIBERTÉ

Transformer cette supputation en impératif est le pas que j'ai franchi dans *Le Temps de l'altruisme*. Cela suppose de faire appel au postulat moral selon lequel, aux droits, quels qu'ils soient, correspondent nécessairement des devoirs. Si la liberté et les libertés individuelles constituent un droit fondamental, quel est alors le devoir, ou l'ensemble de devoirs, que l'on est tenu de mettre en face ? D'après ce qui précède, la réponse est évidente. Si l'on se place d'abord au niveau relatif et pragmatique du droit aux libertés individuelles, l'interdépendance soulignée plus haut nous permet d'identifier le devoir individuel correspondant. Il s'agit d'un *devoir d'altruisme*. Ayant constaté à l'usage que le terme d'altruisme est trop polysémique pour ne pas être source de confusion, même lorsqu'on en précise la définition, j'ai inventé le vocable d'*altruité*. Dans cette terminologie, c'est bien l'altruité qui est donc le devoir de la liberté.

Si mes libertés individuelles sont tout autant construites grâce à celles des autres que limitées par elles, il faut en conclure que les devoirs associés aux libertés individuelles consistent à aider les autres à construire les leurs. D'où la définition de l'altruité entendue comme : *l'attention délibérée portée par un individu aux libertés individuelles de l'autre, avec l'intention délibérée de les défendre et de les accroître*. La force de l'articulation logique qui lie le devoir d'altruité ainsi défini aux libertés individuelles n'implique pas que l'on fonde la morale sur la seule logique. L'argument ne tient que si l'on accepte, comme postulat moral préalable, l'existence d'un lien irréductible entre droits et devoirs.

Défini comme complément des libertés individuelles, qui sont à penser dans le cadre spécifique et pragmatique de la situation de chaque personne, le devoir d'altruité est à réfléchir dans ce même cadre personnel. Peut-on définir, parallèlement à l'idée de liberté, l'idée d'altruité dans un cadre général plutôt qu'individuel ? Sans doute, si on la reconnaît comme *engagement délibéré à agir pour la liberté des autres*. Dans cet énoncé se trouvent les termes d'« engagement » et de « délibéré », qui signifient une activité rationnelle et voulue. De plus, dès lors que le terme d'« engagement » la relie à la notion de devoir, sa motivation, qui peut être spontanée chez certains mais non chez d'autres, est caractérisée par une obligation de la raison qui est censée s'imposer à tous.

Altruité et liberté ne s'opposent pas. Elles sont, par construction, strictement et irréductiblement complémentaires. J'ai montré plus haut que, si la liberté constitue bien un droit naturel, le plein exercice de ce droit requiert un travail réflexif de l'individu. C'est grâce à cette activité de réflexion que chacun peut évaluer ses libertés individuelles, en opérant pour son propre compte la transition conceptuelle entre l'idée universelle de liberté et sa déclinaison pragmatique en capabilités et libertés individuelles. Il en va exactement de même pour l'altruité : *si l'altruité constitue un « devoir naturel », le plein exercice de ce devoir exige lui aussi un travail de réflexion qui permet à chaque personne de déterminer, de façon pragmatique, son devoir d'altruité propre*. Ainsi, liberté et altruité appellent toutes deux un processus de réflexion qui d'ailleurs les unit. En langage simple, la notion d'altruité signifie que, lorsque je pense à ma liberté, je dois aussi penser à celle des autres. Peu importe que je le fasse séquentiellement ou simultanément, du moment que je m'astreins et parviens à confronter deux visions de la liberté : celle qui me concerne et celle qui concerne les autres. Pour y parvenir, une réflexion personnelle et autonome, menée sur le mode de l'introspection, est indispensable.

En résumé, la liberté est un droit, et l'altruité, un devoir associé à la liberté. Toutes deux sont complémentaires et forment un tout. Toutes deux n'acquièrent leur pleine valeur et leur pleine utilité que si elles sont associées à un travail de réflexion qui en évalue les limites. La prise en compte du couple conceptuel constitué par la liberté et l'altruité amène à formuler deux considérations majeures. La première concerne la responsabilité individuelle, la seconde, la justice sociale.

LA RESPONSABILITÉ INDIVIDUELLE

L'exigence d'altruité ne m'impose pas de penser rationnellement l'autre, mais sa liberté, et elle ne prescrit pas ce qui émergera de ma réflexion à ce sujet. Toutefois, le seul fait de penser la liberté de l'autre confère à celui-ci une dignité égale à la mienne. Je suis tenu de lui attribuer le même statut qu'à moi-même. L'idée d'altruité implique donc l'idée d'égale dignité et recouvre un principe de justice. L'individualisme inhérent à la démarche réflexive sur ma liberté propre est contrebalancé par l'obligation que j'ai de penser l'altruité, c'est-à-dire la liberté de l'autre. La dérive ordinaire de l'individualisme consiste en une posture où l'individu se considère comme premier vis-à-vis des autres et/ou de la collectivité. L'autodétermination du devoir d'altruité rétablit un équilibre. Ce n'est pas tant que ma relation à l'autre soit première plutôt que seconde par rapport à ma relation à moi. C'est qu'elle est tout simplement équilibrée par l'équivalence que l'altruité suppose entre l'autre et moi.

Cette équivalence n'implique pas l'identité. Les individus sont différents et sont des personnes dotées de caractéristiques et de capacités propres. En particulier, il est évident que les libertés individuelles varient d'une personne à l'autre. Y a-t-il un lien entre l'ampleur de mes libertés individuelles et les responsabilités qui m'incombent ? L'idée de proportionnalité – bien évidemment qualitative et non quantifiable – conduit à penser que, *si mes libertés individuelles sont plus abondantes que celles d'un autre, mon devoir d'altruité est lui aussi plus étendu*. En plus de l'argument strictement moral, il y a une logique à cela. Si mes libertés individuelles sont plus abondantes, mes marges d'action le sont, en général, aussi. J'ai donc plus d'opportunités et de capacités d'agir pour satisfaire à mon devoir d'altruité, ce dont je dois tenir compte lorsque j'en détermine moi-même l'étendue et que je définis les modalités de sa mise en œuvre. Ici encore, l'articulation logique ne doit pas masquer le postulat moral. Je peux en effet nier cette proportionnalité, ou encore la reconnaître et décider cyniquement de ne pas en tenir compte. En revanche, si on souscrit au postulat moral, l'idée de proportionnalité entre les libertés individuelles et le devoir individuel d'altruité fournit le socle d'une conception particulière de la responsabilité individuelle.

Dans ce cadre, c'est à moi qu'il appartient de déterminer ma responsabilité individuelle. Cette autodétermination n'acquiert sa véritable valeur que si le point de vue que je formule sur la nature et sur l'étendue de ma responsabilité individuelle est validé. La validation repose sur une confrontation avec d'autres points de vue. Dans ce processus, je me soumets en quelque sorte au jugement par les pairs. Ayant, en toute autonomie, discuté avec d'autres et recueilli des idées complémentaires et des avis possiblement critiques, je peux, ou non, aménager mon point de vue. Je demeure libre du choix final de mon attitude. C'est ce point de vue élaboré ou « robuste » et, donc, distinct d'une simple opinion qui *in fine* va (ou devrait) guider mon action.

LE PARI DE L'ÉQUITÉ ET DE LA JUSTICE SOCIALE

Que va-t-il advenir au sein d'une société organisée d'une multiplicité de points de vue individuels « robustes » ? Leur expression va-t-elle produire une cacophonie sociale ? Vont-ils ou non s'agréger selon un petit nombre de lignes de force et donner naissance à quelques courants majeurs ? La réponse à ces interrogations se trouve dans l'essence même du processus démocratique. Celuici a précisément pour objet d'agréger des points de vue divers et de les faire converger de telle sorte que des décisions acceptables par le plus grand nombre puissent être prises au nom de l'intérêt collectif.

Y a-t-il alors un lien entre la conception de la responsabilité individuelle énoncée ci-dessus et une quelconque théorie de la justice sociale ? Autrement dit, lorsque l'agrégation des points de vue individuels « robustes » a eu lieu grâce au processus démocratique, quel peut en être l'impact sur la vie sociale et plus précisément sur la justice sociale ? Je vais montrer que ce lien existe et quelle en est la nature.

Dans le processus de réflexion individuelle évoqué plus haut, chacun se livre à des *expériences de pensée* sur les sujets qu'il juge importants. Les obligations auxquelles il souscrit sont de deux ordres. D'une part, il doit inclure l'altruité dans sa réflexion. D'autre part, il est tenu de s'efforcer de « voir la réalité en face ». Comme je l'ai montré dans *Le Temps de l'altruisme*, cela requiert un peu de méthode. L'individu qui pratique l'exercice est souvent amené à élargir son regard, à mieux prendre en compte non seulement sa situation, mais celle des autres. Considérant l'ampleur de ses libertés et celle de son devoir d'altruité, il sera conduit à formuler des jugements qui ont une bonne chance d'être plus équitables. Cela veut dire qu'il agira probablement dans le sens d'une équité et d'une justice sociale accrues.

Il existe donc bien, derrière nos propositions, une conception de la justice, mais elle est particulière. Pour fonder sa théorie de la justice, John Rawls nous invite à pratiquer des expériences de pensée individuelles, mais sur une question prédéterminée (ce qui pose d'ailleurs le problème de savoir qui la choisit, comment et avec quelle légitimité[4]). Il définit une hypothétique « position originelle » et place les individus derrière un « voile d'ignorance ». Ceux-ci ne disposent que d'informations limitées sur leur propre état et sont confrontés à une liste de théories morales. Rawls prétend que, dans ces conditions, les personnes feront le choix de la « justice comme équité » et non, par exemple, celui de l'utilitarisme. À l'inverse, dans la démarche proposée ici, chacun est de même tenu de se livrer à des expériences de pensée, mais sans que les questions soient en aucune manière déterminées. Si prédétermination il y a, elle porte sur la méthode de réflexion, sur la prise en compte de l'idée d'altruité et sur la prescription générale de s'efforcer de « voir la réalité en face ». Prenons l'exemple du sort fait aux handicapés dans un pays riche comme la France, où ils sont plus nombreux et souvent moins bien lotis qu'on ne le croit. Imaginons que la question du handicap soit soumise à des citoyens mieux informés, qui s'astreignent à voir la réalité du problème en face et qui s'obligent à évaluer leurs libertés individuelles (dont celle de ne pas être handicapés eux-mêmes), ainsi que leur devoir d'altruité. Je prétends que cet exercice, mené de façon rationnelle, indépendamment d'une compassion qui, par ailleurs, n'est pas exclue, les conduira à prendre collectivement des mesures plus justes, sans que la nature de ces dernières soit définie.

Au fond, il s'agit d'un pari. Le pari est que, *en probabilité,* un nombre accru d'individus formulera des jugements plus équitables, d'où résultera forcément *in fine,* si les dispositifs démocratiques fonctionnent correctement, plus de justice sociale. L'absence de prédétermination de principe des questions posées renvoie simplement la responsabilité première sur chacun d'entre nous. Elle laisse ouverte la question des fins, comme celle des moyens qui dans la pratique permettent de les atteindre. En conséquence, elle peut s'accommoder de plusieurs types de systèmes politiques, à condition que ceux-ci permettent l'expression, la remontée et l'intégration des points de vue individuels. Ces indéterminations et son caractère « statistique » avec le pari qui représente effectivement l'intégration des points de vue ne font que refléter la liberté de chacun et la responsabilité qui y est associée.

Notre conception de la justice est donc fondée sur une méthode. Elle n'a pas de contenu normatif. Elle ne prescrit pas d'institutions idéales. Elle ne fait pas la promotion d'une égalité parfaite entre les hommes. À l'inverse, elle propose un pari. Elle offre un système probable de réduction des injustices et des inégalités, dans un mode pragmatique, fondé sur l'analyse de situations de fait[5]. Cela n'implique aucunement l'abandon d'idéaux universels, mais, bien au contraire, fournit un moyen de s'en approcher.

DEVOIR D'ALTRUITÉ ET CONTRAT SOCIAL

L'idée d'une obligation individuelle (d'un devoir) associé(e) à la liberté n'est pas neuve. On verra plus loin comment elle a été intégrée dans l'espace religieux et comment elle apparaît dans l'idée laïque de fraternité. Toutefois, le devoir d'altruité constitue une formulation très particulière de cette obligation personnelle, et ce pour deux raisons. D'une part, le devoir d'altruité est à la fois rationnel et exempt de sentiments et de passions. De l'autre, il est défini par l'individu lui-même, à partir d'évaluations qui lui appartiennent et sans attente de réciprocité. De cette caractéristique, il découle que la conception de la justice exposée ci-dessus s'écarte des notions traditionnelles de contrat social. En revanche, elle est proche de celle que développe Amartya Sen dans *L'Idée de justice*[6].

Selon ce dernier, « si une personne a le pouvoir d'effectuer un changement dont elle remarque qu'il réduit l'injustice dans le monde, l'argument social pour qu'elle le fasse est fort (sans avoir à invoquer les bénéfices d'une coopération imaginaire pour le justifier). Cette obligation dérivant du pouvoir effectif diffère radicalement de l'obligation mutuelle de coopération sur le plan fondamental de la justification et de la motivation [...]. La recherche de bénéfices mutuels, qu'elle soit directe, comme chez Hobbes, ou anonyme, comme chez Rawls, a incontestablement une énorme importance sociale. Mais elle n'est pas le seul argument pertinent pour déterminer ce que doit être le comportement raisonnable ».

La notion de contrat social est intimement liée à la question de la définition et du rôle de l'État[7]. Elle recoupe le problème de la justice sociale que celui-ci est censé garantir. Les tenants du contrat social font de l'élaboration de celui-ci le préalable à l'établissement d'institutions reconnues par la société comme justes. L'idée d'altruité et la conception de la justice sociale qui en résulte mettent l'individu en première ligne et placent en second, sans l'amoindrir, la notion de contrat social comme fondement de la justice sociale. L'altruité est en effet définie de façon autonome par l'individu. En quelque sorte, l'individu se parle à lui-même (l'introspection) avant de parler aux autres (la discussion), et il le fait sans attendre une réciprocité systématique de la part des autres. L'approche part donc de l'individu avant d'atteindre la société. Elle est dirigée du bas vers le haut (*bottom-up*). Cela n'empêche pas qu'ensuite des contrats sociaux se discutent et se nouent entre individus ayant préalablement évalué leur propre devoir d'altruité. La notion de contrat peut alors être pensée de façon dynamique, sans être figée dans un cadre préalable. Elle devient aussi plus réaliste, puisque les parties prenantes ont préalablement pris la mesure de leurs obligations (leur devoir individuel d'altruité) et de leur capacité d'intervention (leur espace opérationnel propre : voir chapitre 6[8]).

*
* *

L'introduction et la systématisation de l'idée d'altruité ne sont donc, en aucune manière, un jeu intellectuel vain. Elles ont au contraire des conséquences majeures non seulement sur l'idée même de liberté, mais sur les questions de responsabilité individuelle et de justice sociale. Pour moi, l'identification de l'altruité est un peu analogue à celle d'un nouvel élément structurel, comme une particule élémentaire en physique. Cela ne change rien à la nature des phénomènes, mais élargit leur cadre explicatif et permet, par la suite, d'imaginer de nouvelles possibilités d'intervention. De même, l'idée d'altruité permet de repenser en profondeur le libéralisme et de forger les bases d'un « libéralisme altruiste[9] ».

CHAPITRE 11

Le libéralisme altruiste comme philosophie politique

Je réunis ci-dessous les éléments qui me paraissent les plus pertinents pour dresser le tableau du libéralisme altruiste en tant que philosophie politique. Je les ai groupés en quatre sections qui concernent : les fondements conceptuels ; la méthode de réflexion individuelle ; la socialisation des points de vue ; la remédiation systémique du libéralisme et de la démocratie.

SUR LES FONDEMENTS CONCEPTUELS

1. Les idées et phénomènes peuvent être pensés selon deux approches à vocation universelle ou contextuelle, qui renvoient à des postures intellectuelles idéalistes ou pragmatiques. Les démarches contextuelles sont plus proches de la connaissance objective et de la science. Elles ne constituent pas une

version seconde ou dégradée des approches universelles. Lorsqu'elles sont posées en principe radical, celles-ci peuvent être source de graves intolérances. Elles posent aussi le problème de savoir qui dispose du pouvoir de décider de quoi et pour qui.

2. L'idée universelle de liberté fait de celle-ci un droit naturel dont toute personne dispose à sa naissance et pendant sa vie. La version contextuelle de l'idée de liberté est figurée par la notion de « libertés individuelles » ou de « capabilités », qui renvoie aux libertés dont un individu peut effectivement jouir dans son contexte propre.

3. Il est couramment admis que la liberté des uns s'arrête où commence celle des autres. Dans l'approche contextuelle, en raison de l'interdépendance des individus libres, la liberté des uns est tout aussi bien construite grâce à celle des autres.

4. On adopte ici le postulat moral selon lequel il n'existe pas de droit sans qu'un devoir lui soit associé.

5. Puisque les libertés individuelles sont construites grâce à celle des autres, le devoir qui découle logiquement du postulat qui précède est le devoir individuel d'altruité. Il est défini comme l'obligation pour chacun de s'attacher à préserver et à renforcer les libertés individuelles des autres.

6. Si on revient à l'idée universelle de liberté, on est conduit à lui associer l'idée d'un devoir universel d'altruité. L'altruité est l'« engagement délibéré à agir pour la liberté des autres ».

7. L'altruité est une forme très particulière d'altruisme rationnel. Elle est conçue en dehors de tout sentiment ou de toute émotion, et n'est pas motivée par l'attente d'une réciprocité.

8. L'altruité est radicalement différente de la générosité. L'altruité est un devoir rationnel, alors que la générosité fait partie de l'espace des libertés. La générosité peut mettre en jeu les émotions et les sentiments. Altruité et générosité sont distinctes mais complémentaires.

9. Parce qu'une contrainte acceptée n'est plus une contrainte, l'idée même de la liberté est contextualisée par l'individu en fonction de sa perception du champ des contraintes qu'il accepte ou qu'il refuse. La réflexion sur la liberté est constitutive de cette dernière.

10. Liberté et altruité sont indissociables. La réflexion sur l'altruité est également constitutive de cette dernière. La tension entre la liberté comme droit et l'altruité comme devoir est réglée par la réflexion individuelle.

SUR LA MÉTHODE DE RÉFLEXION INDIVIDUELLE

11. Il appartient à chacun de réfléchir à ses libertés individuelles et à son devoir d'altruité vis-à-vis de toute situation qu'il juge importante.

12. Toute observation met en cause l'observateur. Une réflexion sur le monde nécessite logiquement une réflexion sur sa propre situation au monde. Le

rapport à soi est, en ce sens, constitutif du rapport à l'autre. Cela établit le besoin de l'introspection rationnelle.

13. La raison ouvre à des réalités auxquelles l'intuition ne donne pas forcément accès. Cette approche de la connaissance concerne tous les objets et phénomènes, y compris les plus « ordinaires ». Elle est de même nature que l'approche scientifique. Parmi les réalités ainsi découvertes peuvent figurer des réalités de type social. En ce sens, l'exercice de la raison est propice à la prise en compte de l'altruité.

14. Plusieurs paramètres globaux facilitent l'organisation du travail d'introspection individuel et, notamment, l'autoévaluation du capital individuel reçu, du capital individuel produit, et de l'espace opérationnel propre.

15. L'information est critique dans l'établissement de tout point de vue éclairé. Il existe donc pour l'individu un devoir de s'informer, auquel correspond un droit social à l'information.

16. Un point de vue individuel n'acquiert de robustesse qu'après avoir été confronté à d'autres, souvent par la discussion.

17. Lorsque l'individu adopte sur une question qu'il tient pour importante un point de vue robuste, il opère des choix qui lui sont propres et ne relèvent pas de la seule raison, ni de la seule altruité. Il y mêle sa culture, ses sentiments et ses émotions.

18. Le point de vue individuel robuste inclut une évaluation du devoir individuel d'altruité.

19. Il y a proportionnalité entre les libertés individuelles et le devoir individuel d'altruité. Cette proportionnalité dérive d'un principe moral. Elle est rationnelle dans la mesure où une plus grande abondance de libertés individuelles implique en général un espace opérationnel propre plus développé, cohérent avec un devoir d'altruité plus étendu.

20. La proportionnalité entre l'ampleur des libertés individuelles et celle du devoir individuel d'altruité fonde une conception spécifique de la responsabilité individuelle. Celle-ci résulte d'une auto-évaluation. Toutefois, elle doit être confrontée à d'autres avis pour être validée ou critiquée. Après quoi, l'individu la détermine librement.

SUR LA SOCIALISATION DES POINTS DE VUE INDIVIDUELS EN DÉMOCRATIE

21. Les processus de discussion et de délibération démocratiques permettent la consolidation de points de vue individuels robustes selon une ou plusieurs options, selon que le consensus s'établit ou non.

22. Ces processus et le fonctionnement général de la démocratie peuvent être améliorés par la prise en compte de l'altruité et du devoir d'altruité.

23. La prise en compte du devoir d'altruité dans l'élaboration des points de vue individuels permet de faire le pari qu'après leur consolidation dans le processus démocratique il en résultera une équité et une justice sociale accrues.

24. Ce pari fonde une conception spécifique de la justice sociale, construite sur un processus et non sur un projet.

25. Toutes les considérations évoquées ci-dessus à propos de la liberté et de l'altruité d'une personne sont valables pour n'importe quel groupe social qui dispose d'une identité et revendique l'autonomie et la liberté. En vertu de quoi, ce groupe social est tenu de pratiquer une autoévaluation de son devoir d'altruité.

26. Cette obligation s'impose notamment aux entités sociales que sont les nations et les conduit à mieux apprécier en leur sein les problèmes de justice sociale.

27. Le devoir d'altruité national doit être pensé par la nation non seulement pour elle-même, mais aussi vis-à-vis des autres nations. Il en découle une vision de la justice internationale, qui est, elle aussi, construite sur un processus visant au consensus plutôt que sur un projet en tant que tel.

SUR LA REMÉDIATION SYSTÉMIQUE DU LIBÉRALISME ET DE LA DÉMOCRATIE

28. Les philosophies politiques aujourd'hui regroupées sous le terme générique de libéralisme doivent être revues dans leur fondement même, celui de l'idée de liberté, afin d'y incorporer les notions d'altruité et de devoir d'altruité.

29. Les théories économiques se réclamant du libéralisme doivent, de la même manière, être revues

en profondeur pour y incorporer les notions d'altruité et de devoir d'altruité.

30. La notion de croissance est à penser comme accroissement du bien-être social et non seulement du bien-être individuel.

31. La liberté de l'échange économique est à penser comme résultant de l'échange entre des individus libres. L'altruité est alors automatiquement prise en compte.

32. En particulier, l'évaluation éthique des externalités conduit à doter les objets économiques d'une double valeur, marchande et éthique.

33. Les conséquences prévisibles de ces aménagements vont à l'encontre de l'ultralibéralisme économique et du capitalisme dérégulé, et en soutien des divers courants de l'économie sociale et solidaire.

34. Le droit à l'information est une condition première et trop négligée de la remédiation démocratique. Le savoir doit être mis au service du citoyen pour le bien commun.

35. L'altruité doit être introduite explicitement dans les pactes démocratiques nationaux et dans les mécanismes de dialogues des organisations internationales.

36. Il n'y a aucune raison scientifique valable de considérer que les comportements humains sont, de par la nature de l'évolution de l'espèce humaine, génétiquement déterminés, au point d'interférer négativement avec les constructions sociales.

37. On peut en revanche imaginer que les comportements humains soient conditionnés par les

systèmes socio-économiques mis en place sous le couvert de principes tels que celui d'un désir systématique d'intérêt personnel.

38. L'éducation, y compris l'éducation à l'altruité et aux comportements moraux, est une condition de progrès.

39. Le libéralisme altruiste est le corps de doctrine qui reprend l'ensemble de ces éléments. En bref, le libéralisme altruiste se fonde sur une idée spécifique de la liberté, qui impose d'y adjoindre l'idée d'altruité associée à un devoir d'altruité. Le libéralisme altruiste est avant tout une méthode à usage d'individus et de citoyens capables de peser sur la vie politique. La théorie du libéralisme altruiste repose sur trois conceptions spécifiques de la responsabilité individuelle, de la justice sociale et de la justice internationale.

40. Si la pathologie principale du libéralisme contemporain se trouve dans son cœur même, c'est-à-dire dans l'idée de liberté, le libéralisme altruiste a vocation à se substituer au libéralisme plutôt qu'à l'amender.

*
* *

Ce catalogue ordonné n'est qu'une première étape. Il faudra plus de travail pour les organiser dans une théorie pleinement cohérente. À quoi bon une théorie ? Une de plus, diront les sceptiques. Une théorie est importante parce qu'elle cristallise, à un instant donné, un édifice intellectuel qui peut servir soit de repère – ce dont, me semble-t-il, nous manquons cruellement –, soit de cible à la critique. En expliciter les fondements permet à cette dernière de s'exercer avec plus de clarté. Une théorie ne vaut que pour un temps donné. Il n'y a que dans les sciences « dures » que l'on nourrit, de façon parfois excessive, l'espoir de trouver des théories immuables. La théorie du libéralisme altruiste n'est en rien scientifique. Elle n'est posée que pour être un jour dépassée. J'ai espoir qu'entre-temps (et nul ne sait quel est ce temps) elle aura pu jouer un rôle utile.

CONCLUSION

LA RAISON DE CHACUN COMME SOURCE DE JUSTICE POUR TOUS

Si ce manifeste entend promouvoir l'altruisme au sens large, il veut surtout, de façon beaucoup plus précise, mettre en avant l'une de ses composantes spécifiques : l'altruité. La définition et l'affirmation de l'altruité comme complément indispensable de la liberté ont, comme il a été montré, des conséquences profondes. Parce que l'idée de liberté est au cœur des théories libérales, la questionner revient à repenser le libéralisme. C'est ce qui m'a conduit à esquisser une nouvelle théorie politique. Ce manifeste de l'altruisme est donc tout autant une déclaration de philosophie politique, celle du libéralisme altruiste. Elle dérive de la notion d'altruité. L'altruité n'est pas que morale. Elle possède une dimension rationnelle forte. Le libéralisme altruiste, qui veut notamment améliorer la justice sociale, fait, de façon constante mais non exclusive, appel à la raison.

Le libéralisme altruiste appartient donc à la vaste catégorie des théories libérales, dont le tronc commun est le droit à la liberté individuelle. De ce tronc ont dérivé des branches théoriques bien différentes. Certaines conduisent à des conclusions contradictoires dans la pratique, pour ce qui concerne, par exemple, les régulations économiques et le rôle de l'État dans la vie citoyenne. Le libéralisme altruiste pourrait donc être considéré comme une variante du libéralisme au sens large de ce terme. Mais, dans mon esprit, le libéralisme altruiste est plus que cela.

La conjoncture me conduit en effet à penser que, la crise financière de 2008 aidant, le libéralisme a révélé une faille profonde dont les effets sont partout repérables : à l'échelle des nations comme à celle du globe, dans les domaines économiques et financiers comme dans le domaine social. Cette faille se traduit par des injustices excessives et débouche sur de profonds malaises sociaux. Puisqu'elle se situe dans l'idée de liberté elle-même, au cœur de toutes les formes de libéralisme, elle touche toutes les figures politiques du libéralisme qui s'expriment dans les démocraties occidentales. En ce sens, le libéralisme altruiste n'est pas une branche du libéralisme. Il aurait plutôt vocation à lui succéder.

LE LIBÉRALISME ALTRUISTE COMME PROJET HUMANISTE

Il est aujourd'hui de bon ton de s'amuser de l'idée que la politique et l'économie pourraient être morales. Or il n'est guère de morale sans devoirs. Parler de devoirs est, de nos jours, considéré comme la chose la plus ennuyeuse qui soit. C'est un reproche que l'on adresse à toutes les philosophies politiques, de droite ou de gauche, qui ont fait de la morale un pilier de la réflexion et de l'action. Pour moi, cette vue est bien courte, et le vrai problème est ailleurs. Il se trouve dans l'énonciation d'un *projet* qui suscite l'enthousiasme, et remette les devoirs et les contraintes en perspective. Ceux-ci deviennent alors une condition nécessaire pour atteindre des objectifs d'une hauteur et d'une ambition telles qu'ils sont finalement dépassés. Vouloir promouvoir le libéralisme altruiste par la simple énonciation d'un devoir serait non seulement maladroit et voué à l'échec, mais aussi inexact. Le libéralisme altruiste est porteur d'un projet, d'un grand projet humaniste. Le libéralisme altruiste a bien pour fin l'épanouissement de l'homme. Le terme d'humanisme a sans doute été galvaudé et usé. Il n'empêche. Le libéralisme altruiste est un humanisme dans toutes ses dimensions, y compris celle de la propédeutique de la rationalité qui prévalait pendant la Renaissance en Occident. Son projet est contenu dans son énoncé même : c'est d'aider à construire les libertés des autres en même temps que la nôtre. C'est le rêve maintes fois exprimé d'une humanité meilleure[1].

Les sceptiques avanceront que, si ce projet d'une humanité meilleure est si souvent exprimé, c'est qu'il est en situation d'échec perpétuel. Je répondrai qu'à l'inverse c'est le signe d'un progrès perpétuel mais laborieux, d'un effort et d'un combat vers un objectif lointain, dont les conditions doivent être sans arrêt réévaluées, adaptées à un environnement changeant et incertain, et actualisées pour soutenir l'action. Y a-t-il la moindre justification à cet optimisme que certains ne manqueront pas de taxer de naïveté ? J'avancerai deux raisons. La première est que des progrès importants ont été accomplis, comme l'amélioration des soins médicaux, l'allongement de la durée de la vie, etc., que tous, sans exception, sont liés à des avancées du savoir. Or il n'est pas contestable que le savoir continue d'avancer. Cela ne gomme pas le côté inquiétant de son exploitation négative. Le contrôle de l'utilisation du savoir nécessite une vigilance constante et des processus politiques appropriés, au premier chef, démocratiques. Raison de plus pour renforcer ces derniers et promouvoir la diffusion d'une information pertinente sur les nouveaux savoirs. La seconde raison est d'ordre démographique. L'arrêt prévu vers 2050 de la croissance de la population mondiale constitue un élément de réflexion majeur. D'une part, il va falloir accueillir sur la planète deux milliards et demi d'hommes en plus, soit quasiment deux fois plus d'humains qu'il n'y en avait sur Terre en 1900. L'effort requis sera colossal. De l'autre, la demande sur les biens essentiels, nourriture, énergie, ressources naturelles, finira par graduellement diminuer. Cette perspective démographique fournit le cadre du projet du libéralisme altruiste. Il s'agit de réussir en un demi-siècle la double transition qui consiste (1) à corriger les graves problèmes de pauvreté, de changement climatique, de pollutions excessives, de limitations en ressources naturelles, etc., qui se posent dès à présent ; (2) et ce dans un contexte où la démographie va accroître la pression sur ces mêmes problèmes, mais dans des proportions connues et limitées dans le temps.

Voilà l'énorme enjeu auquel nous et nos enfants sommes collectivement confrontés. Voilà le projet qui peut et doit nous mobiliser et nous exalter. Voilà la perspective devant laquelle la notion de devoir véhiculée par l'idée d'altruité est dépassée par l'ampleur de l'objectif. Voilà pourquoi il faudra plus que jamais mobiliser le savoir au service du bien public. Voilà pourquoi les mécanismes économiques devront évoluer. Voilà pourquoi le libéralisme altruiste a vocation à dépasser le libéralisme tel que nous le connaissons aujourd'hui.

LE LIBÉRALISME ALTRUISTE COMME DÉMARCHE PRAGMATIQUE

Tout cela ne fait sens que si plusieurs conditions préalables sont remplies. Je résume les plus importantes. La première est de distinguer l'altruité de la générosité, et de ne pas croire que la générosité peut tout régler. La deuxième est de réexaminer le droit des individus à disposer d'informations pertinentes, qualifiées et validées. C'est une condition trop négligée de l'élaboration de points de vue individuels robustes, mais aussi de l'encadrement démocratique constructif du politique. La troisième est d'améliorer l'organisation de la discussion démocratique et la culture du consensus – ce qui suppose un effort de compréhension et d'assimilation de la culture des autres, avec, en filigrane, la question de l'éducation, plus particulièrement de l'éducation à l'altruité.

Bien entendu, on peut s'interroger sur la faisabilité de ce qui apparaîtra à beaucoup comme une utopie. Je n'aime pas ce terme, qu'on utilise le plus souvent pour désigner un projet irréalisable. La mise en place de la construction intellectuelle décrite ici est peut-être du domaine du rêve, mais du rêve réalisable. Faut-il baisser les bras devant des situations que nous savons imparfaites et pour beaucoup inacceptables ? En défendant l'idée, bien venue, d'« abondance frugale », Jean-Baptiste de Foucauld utilise un autre argument[2]. Pour lui, les théories politiques ne s'imposent dans l'histoire que lorsque les trois cultures de la résistance, de la régulation et de l'utopie se conjuguent dans un même projet. L'inclusion de l'utopie – pour moi, du rêve – devient donc une des conditions de sa réussite.

Après tout, les retournements massifs de posture intellectuelle et d'opinion aux échelles nationales et mondiales ne sont pas si rares. Depuis la fin des années 1980, l'idée du communisme a quasiment disparu des consciences occidentales. À l'inverse, la mobilisation mondiale autour de la lutte contre le sida et d'autres maladies infectieuses s'est cristallisée d'une façon que bien peu imaginaient à la fin des années 1990. Quant à la prise de conscience écologique, elle s'est généralisée en quelques années seulement. Certes, avant que ces vastes mouvements se produisent, beaucoup ont prêché dans le désert pendant de nombreuses années. Mais, grâce à une conjonction de facteurs variés, à l'action d'un nombre croissant de groupes sociaux, à des relais d'opinion divers, ce que beaucoup croyaient impossible a pris corps dans la réalité, et plus rapidement qu'on ne l'imaginait. Pourquoi l'idée de l'altruité et l'apport moral qu'elle fournit ne suivraient-ils pas une trajectoire semblable ? Et ce, d'autant que leur nécessité va devenir de plus en plus évidente.

Aujourd'hui, on s'accorde sur l'idée que chacun devrait pouvoir mener une « bonne » vie, ce qui, pour beaucoup, signifie faire « quelque chose de bien ». À chacun, donc, de définir ce qu'est pour lui une « bonne » vie et surtout le « quelque chose de bien » qu'il peut avoir envie de faire. Qu'il suive la voie qui est ici proposée. Elle n'a rien de très contraignant. Elle suppose que l'on ait en tête, avec un certain réalisme, les grands paramètres de l'équation planétaire, qui fournit une vision d'avenir pour nous-mêmes et pour nos enfants. Elle exige ensuite que l'on accepte un principe de liberté qui fasse place à l'altruité. Elle veut enfin que l'on souscrive à une méthode de réflexion particulière pour aborder les grands problèmes de ce temps. Cette méthode combine quelques instruments et leur mode d'emploi. La boîte à outils commune n'est pas très fournie. Elle est compatible avec diverses cultures et religions, ainsi qu'avec plusieurs systèmes politiques. Chacun peut en effet la compléter à sa guise, avec les apports culturels et/ou religieux qui lui sont propres. La structure théorique de la proposition d'ensemble est particulière en ce sens qu'*elle ne définit ni les objectifs à atteindre ni les institutions qui permettraient d'y parvenir*. Dans une perspective morale globale, *elle précise la manière de définir ces objectifs et ces institutions* selon des modalités qui ne peuvent que faire progresser vers plus d'équité et plus de justice sociale, tout en conservant l'idéal de liberté.

Le pire n'est pas toujours certain. Les idées ont leur force. Certains contextes en encouragent la propagation. Peut-être les transitions majeures du début du XXIe siècle dans l'ensemble du monde constituent-elles un environnement favorable à la promotion de l'idée d'altruité. C'est bien un rêve que l'on peut nourrir. Après tout, sa réalisation ne demande pas un changement soudain et général de l'homme lui-même, auquel personne ne peut croire, mais un changement progressif d'état d'esprit de situation. C'est là une des beautés de la démocratie. Pour espérer amorcer une spirale vertueuse, il suffit, comme première étape, d'un vote majoritaire et non unanime. Rassembler une majorité autour de valeurs morales essentielles et constructives, voila une belle entreprise politique. Celle-là n'est pas hors de portée.

NOTES

INTRODUCTION

Les difficultés du monde nous concernent tous

1. Jean-Jacques Rousseau, *Du contrat social* (1762).

2. Centre d'actualités de l'ONU, http://www.un.org. Voir aussi « Population mondiale », Wikipédia.

3. Objectifs du Millénaire pour le développement, site du Programme des Nations unies pour le développement (http://www.un.org/fr/millenniumgoals).

4. GAVI, The Global Alliance for Vaccines and Immunisation, www.gavialliance.org/

5. « Crise financière de 2007-2010 », Wikipédia.

6. Monique Canto-Sperber, *Les Règles de la liberté*, Paris, Plon, 2003. Voir aussi Philippe Petit, « Libéralisme », *in Dictionnaire d'éthique et de philosophie morale*, sous la direction de Monique Canto-Sperber, Paris, PUF 2004.

7. Gerald Gaus, Shane D. Courtland, « Liberalism », *in* The Stanford Encyclopedia of Philosophy.

8. Monique Canto-Sperber, « Le socialisme libéral, une anthologie (Europe-États-Unis) », Paris, *Esprit*, 2003.

9. Philippe Kourilsky, *Le Temps de l'altruisme*, Paris, Odile Jacob, 2009.

PREMIÈRE PARTIE
Le vice caché du libéralisme

CHAPITRE 1
Altruisme, altruité, générosité et fraternité

1. Phlippe Kourilsky, *Le Temps de l'altruisme, op. cit.*

2. Pierre Mackercy, « Comte », *in Dictionnaire d'éthique de philosophie morale, op. cit.*, et Michel Bourdeau, « Auguste Comte », *in* The Stanford Encyclopedia of Philosophy.

3. Adam Philip et Barbara Taylor, *N'ayons pas honte d'être gentils*, Paris, Payot, 2010.

4. Serge-Christophe Kolm, « Introduction to the economics of giving, altruism and reciprocity », *in* Serge-Christophe Kolm et Jean Mercier Ythier, *Handbook of the Economics of Giving, Altruism and Reciprocity*, Elsevier, 2006, p. 56.

5. M. Marzano-Parisoli, « Don et réciprocité », *in Dictionnaire d'éthique de philosophie morale, op. cit.*

6. Écartée par Thomas Nagel, *The Possibility of Altruism*, Oxford University Press, 1970, et Princeton University Press, 1978.

7. Nathalie Depraz, « Autrui », *in Dictionnaire d'éthique de philosophie morale, op. cit.*

8. S. Okasha, « Biological altruism », *in* The Stanford Encyclopedia of Philosophy.

9. « Théorie des jeux », Wikipédia. Voir Robert Axelrod, *Comment réussir dans un monde d'égoïstes*, Paris, Odile Jacob, 2006.

10. Don Ross, « Game theory », *in* The Standford Encyclopedia of Philosophy.

11. C. K. W. de Dreu *et al.*, « The neuropeptide oxytocin regulates parochial altruism in intergroup conflict among humans », *Science*, 328 (5984), 11 juin 2010, p. 1408-1411.

12. Pierre Rosanvallon, *Le Modèle politique français. La société civile contre le jacobinisme de 1789 à nos jours*, Paris, Le Seuil, 2004, coll. « Points-Histoire », 2006.

13. Interview publiée dans *Courrier International*, n° 1038, 23-29 septembre 2010, p. 17.

14. « Liberté, Égalité, Fraternité », Wikipédia. Paul Thibaud, *Libération*, 23 janvier 2007, www.liberation.fr/

CHAPITRE 2

Le vice caché du libéralisme politique contemporain

1. Observatoire national de la pauvreté et de l'exclusion sociale, http://www.onpes.gouv.fr/ ; voir aussi « Pauvreté en France », Wikipédia, et « Taux de pauvreté en France », http://www.insee.fr/

2. « Pauvreté aux États-Unis », Wikipédia. Voir aussi « Observatoire des inégalités », http://www.inegalites.fr/

3. Frédéric Worms, *Droits de l'homme et philosophie*, Paris, CNRS Éditions, 2009.

4. « Histoire de la laïcité en France », Wikipédia.

5. Jean Bauberot, « Laïcité », *in Dictionnaire d'éthique de philosophie morale*, *op. cit*. Voir aussi *Petit Traité de morale à l'usage des écoles primaires laïques,* publié par Charles Renouvier, 1882.

6. Emmanuel Todd, *Après la démocratie*, Paris, Gallimard, coll. « Folio », 2008.

7. « Révolution tranquille » (Québec), Wikipédia.

8. « Taxe de solidarité sur les billets d'avion » et « Unitaid », Wikipédia. Voir le lien avec le site d'Unitaid.

9. « Non-governmental organization », Wikipédia.

10. « L'évolution de la pauvreté aux États-Unis », sur le site de l'Observatoire des inégalités http://www.inegalites.fr/

CHAPITRE 3

Carences et dérives du libéralisme économique

1. Alain Supiot, *L'Esprit de Philadelphie. La justice sociale face au marché total*, Paris, Le Seuil, 2010.

2. Joseph Stiglitz, *Le Triomphe de la cupidité*, Paris, Les liens qui libèrent, 2010.

3. Robert Castel, *Les Métamorphoses de la question sociale*, Paris, Fayard, 1995.

4. Mark Fleurbaey, « Economics and economic justice », *in* The Stanford Encyclopedia of Philosophy.

5. « Objectifs du Millénaire pour le développement », Wikipédia, et http://www.undp.org/

6. Jeffrey Sachs, « Il est temps de créer une taxe mondiale sur les banques pour le développement », *Les Échos*, 31 mai 2010.

7. Jean-Baptiste de Foucauld, *L'Abondance frugale. Pour une nouvelle solidarité*, Paris, Odile Jacob, 2010.

8. Joseph Stiglitz, *Le Triomphe de la cupidité*, *op. cit.*

9. Joseph Stiglitz, *Le Triomphe de la cupidité*, *op. cit.*

10. Pascal Salin, *Revenir au capitalisme pour éviter les crises*, Paris, Odile Jacob, 2010.

11. Hervé Defalvard, *Fondements de la microéconomie. Une approche culturelle de la concurrence parfaite*, Bruxelles, De Boeck, 2007.

12. Adam Smith, *Recherches sur la nature et les causes de la richesse des nations* (1776), Wikipédia. (Plusieurs livres d'Adam Smith, en français, sont téléchargeables sur le site Les Classiques des sciences sociales.)

13. Amartya Sen, *L'économie est une science morale*, Paris, La Découverte, 2004.

14. *Manifeste d'économistes atterrés*, Paris, Les liens qui libèrent, 2010, et http://economistes-atterres.blogspot.com/

15. Joseph Stiglitz, *Le Triomphe de la cupidité*, *op. cit.*

16. Philippe Mongin et Mark Fleurbaey, « Théorie du choix social et économie normative », *in Dictionnaire d'éthique de philosophie morale*, *op. cit.* Amartya Sen, *L'Idée de Justice*, Paris, Flammarion, 2010.

17. Michel Morange, « Eugénisme », *in Dictionnaire d'éthique de philosophie morale*, *op. cit.*

DEUXIÈME PARTIE

Les conditions de la remédiation à l'échelle individuelle

CHAPITRE 4

Apprendre à mieux penser l'autre

1. Philippe Kourilsky, *Le Temps de l'altruisme*, *op. cit.*

2. « Individualisme méthodologique », Wikipédia.

3. Joshua M. Epstein, *Generation Social Science. Studies in Agent-Based Computational Modelling*, Princeton, Princeton University Press, 2006.

4. Hervé Defalvard, *Fondements de la microéconomie*, *op. cit.*

5. Jon Elster, *Raison et raisons*, Leçon inaugurale du Collège de France, Collège de France-Fayard, 2006.

6. Adam Philips et Barbara Taylor, *N'ayons pas honte d'être gentils*, *op. cit.* Voir Alain Berthoz et Gérard Jorland, *L'Empathie*, Paris, Odile Jacob, 2005.

7. R. Tong, « Feminist ethics », *in* The Stanford Encyclopedia of Philosophy.

8. Stephen Downes, « Evolutionary psychology », *ibid.*

9. Harmon Holcomb et Jason Byron, « Sociobiology », *ibid.*

10. Robert Wright, *L'Animal moral. Psychologie évolutionniste et vie quotidienne*, Paris, Michalon, 1995.

11. Christian de Duve, *Génétique du péché originel. Le poids du passé sur l'avenir de la vie*, Paris, Odile Jacob, 2009.

12. David Premack, entretien publié dans *Les Dossiers de la Recherche*, n° 34, février 2009.

13. J. P. Noonan, « Neanderthal genomics and the evolution of modern humans », *Genome Res.*, 20, 2010, p. 547-553.

14. Serge Tisseron, *L'Empathie au cœur du jeu social*, Paris, Albin Michel, 2000.

15. *Philosophie magazine*, n° 36, février 2010, p. 44-45.

CHAPITRE 5

Savoir évoluer entre l'universel et le contextuel

1. Dominique Kerouedan, *Santé internationale. Les enjeux de santé au Sud*, Paris, Presses de Sciences-Po, 2010.

2. Philippe Kourilsky et Isabelle Giri, « Safety standards : An urgent need for evidence-based regulation », *SAPIENS*, vol. 1.2, 2008.

3. Marie-Hélène Parizeau, « Bioéthique », *in Dictionnaire d'éthique de philosophie morale*, *op. cit.*

4. Philippe Kourilsky et Geneviève Viney, *Le Principe de précaution*, rapport au Premier ministre, Paris, Odile Jacob-La Documentation française, 2000. Philippe Kourilsky, *Du bon usage du principe de précaution*, Paris, Odile Jacob, 2002.

5. Philippe Kourilsky et Isabelle Giri, « Safety standards », *op. cit.*

6. Philippe Kourilsky, *Le Temps de l'altruisme*, *op. cit.*

7. Mireille Delmas-Marty, *Les Forces imaginantes du droit*, t. IV, *Vers une communauté de valeurs*, Paris, Le Seuil, 2011.

8. Amartya Sen, *L'Idée de justice, op. cit.*

TROISIÈME PARTIE

Les conditions de la remédiation à l'échelle collective

CHAPITRE 7

Introduire l'altruité dans l'économie

1. « Coefficient de Gini », Wikipédia.

2. « Indice de développement humain », Wikipédia.

3. Rapport annuel du PNUD sur le développement humain, disponible sur Internet.

4. Joseph Stiglitz, Amartya Sen et Jean-Paul Fitoussi, *Performances économiques et progrès social. Vers de nouveaux systèmes de mesure*, Paris, Odile Jacob, 2009.

5. Joseph Stiglitz, *Le Triomphe de la cupidité, op. cit.*

6. Serge Michailof et Alexis Bonnel, *Notre maison brûle au Sud. Que peut faire l'aide au développement ?*, Paris, Fayard, 2010.

7. « Externalité », Wikipédia.

8. Hervé Defalvard, communication personnelle.

9. Samuel Bowles et Herbert Gintis, « Social capital and community governance », *The Economic Journal*, 212, 2002, F419.

10. Will Kymlicka, « Communautarisme », *in Dictionnaire d'éthique de philosophie morale, op. cit.*

11. Serge-Christophe Kolm et Jean Mercier Ythier, *Handbook of the Economics of Giving Altruism and Reciprocity, op. cit.*

12. Francis Vercamer, *Rapport sur l'économie sociale et solidaire*, Paris, La Documentation française, 2010.

13. Daniel Hurstel, *La Nouvelle Économie sociale. Pour réformer le capitalisme*, Paris, Odile Jacob, 2009, et « Économie sociale et solidaire », Wikipédia.

14. Laurence Fontaine, *L'Économie morale. Pauvreté, crédit et confiance dans l'Europe préindustrielle*, Paris, Gallimard, 2008.

15. « Jean-Baptiste Godin », Wikipédia.

16. Daniel Hurstel, *La Nouvelle Économie sociale, op. cit.*

17. « Investissement socialement responsable », Wikipédia. Voir aussi, Daniel Hurstel, *La Nouvelle Économie sociale, op. cit.*

18. Daniel Hurstel, *La Nouvelle Économie sociale, op. cit.*

19. Philippe Kourilsky et Isabelle Giri, « Safety standards », *op. cit.*

20. « Laboratoires Pierre Fabre », Wikipédia.

21. Christian Schmidt, *Neuroéconomie. Comment les neurosciences transforment l'analyse économique*, Paris, Odile Jacob, 2010.

22. Samuel Bowles, « Policies designed for self-interested citizens mays undermine "The moral sentiments". Evidence from economic experiment », *Science*, 320, 2008, p. 1605-1609.

CHAPITRE 8
Revoir le pacte démocratique national

1. Jacques Bidet, « Égalité », *in Dictionnaire d'éthique de philosophie morale, op. cit.* Stefan Gosepath, « Equality », *in* The Stanford Encyclopedia of Philosophy.

2. Dominique Schnapper, « Racisme », *in Dictionnaire d'éthique de philosophie morale, op. cit.*

3. Observatoire national de la pauvreté et de l'exclusion sociale, http://www.onpes.gouv.fr/ Observatoire des inégalités, http://www.inegalites.fr/

4. Marc Fleurbaey, *L'Alternative du XXIe siècle*, Paris, Grasset, 2006.

5. Samuel Bowles et Herbert Gintis, « The inheritance of inequality », *Journal of Economic Perspectives*, American Economic Association, vol. 16 (3), été 2002, p. 3-30.

6. Boris Libois, « Éthique et médias », *in Dictionnaire d'éthique de philosophie morale, op. cit.*

7. Camille Landais, Thomas Piketty, Emmanuel Saez, *Pour une révolution fiscale*, Paris, Le Seuil, coll. « La République des idées », 2011.

8. http://www.revolution-fiscale.fr

9. Raymond Boudon, *Pourquoi les intellectuels n'aiment pas le libéralisme*, Paris, Odile Jacob, 2004.

10. Monique Canto-Sperber et Nicolas Tenzer, *Faut-il sauver le libéralisme ?*, Paris, Grasset, 2006.

CHAPITRE 9

Penser la justice sociale au niveau mondial

1. Roger Guesnerie, *Pour une politique climatique globale. Blocages et ouvertures*, Paris, Éditions de la rue d'Ulm, coll. « CEPREMAP », 2010.

2. Philippe Kourilsky, « The FACTS (Field Action Science) initiative position paper », 14 février 2008, http://www.institut.veolia.org/en/facts-initiative.aspx. Philippe Kourilsky *et al.*, « The new initiative of field action science : FACTS », *FACTS Reports*, vol. 2, 2009, http://factsreports.revues.org/

3. Nenad Miscevic, « Nationalism », *in* The Stanford Encyclopedia of Philosophy.

4. David Wong, « Comparative philosophy ; Chinese and Western », *in* The Stanford Encyclopedia of Philosophy.

5. « Politique agricole commune », Wikipédia.

6. Joseph Stiglitz, *Le Triomphe de la cupidité, op. cit.*

7. « Friedrich List », Wikipédia.

8. Erik Reinert, *How Rich Countries Got Rich... and why Poor Countries Stay Poor*, Londres, Constable, 2007.

9. Olivier Godard, « The stern review on the economics of climate change : Contents, insights and assessment of the critical debate », *SAPIENS*, 1 (1), 2008.

10. Rapport 2010 de l'Agence internationale de l'énergie. Prévisions 2035, http://www.ica.org/

11. Jeffrey Sachs, *Euronews*, 11 octobre 2010.

12. Philippe Kourilsky, « L'éthique du Nord sacrifie les malades du Sud », *Le Monde*, 8 février 2004.

13. « Taxe Tobin », Wikipédia.

14. Mireille Delmas-Marty, *Les Forces imaginantes du droit, op. cit.*

QUATRIÈME PARTIE

Une nouvelle philosophie politique

1. Emmanuel Kant, *Critique de la raison pure*, Paris, PUF, 1967, p. 264.

CHAPITRE 10

L'altruité comme élément de philosophie morale

1. « The two concepts of liberty » (1958), voir Ian Carter, « Positive and negative liberty », *in* The Stanford Encyclopedia of Philosophy.

2. « Natural rights », Wikipédia.

3. Amartya Sen, *Un nouveau modèle économique. Développement, justice, liberté*, Paris, Odile Jacob, 2000.

4. John Rawls, *Théorie de la justice* (1971), Paris, Le Seuil, 1987. Voir aussi Chandran Kukathas, « John Rawls », *in Dictionnaire d'éthique de philosophie morale, op. cit.*, et Vanessa Nurock, *John Rawls. Pour une démocratie juste*, Paris, Michalon, 2008.

5. Amartya Sen, *L'Idée de justice*, Paris, Flammarion, 2010 (particulièrement chapitre 9).

6. *Ibid.*

7. Samuel Freeman, « Contractualisme », *in Dictionnaire d'éthique de philosophie morale, op. cit.*, et Ann Cud, « Contractarianism », *in* The Stanford Encyclopedia of Philosophy.

8. *Ibid.*

9. Dans cette expression, l'adjectif « altruiste » est censé renvoyer à l'altruité plutôt qu'à l'altruisme au sens large. Le terme « altruitarisme » serait plus adéquat pour décrire une philosophie politique fondée sur l'altruité, mais il m'a paru prématuré d'utiliser ici ce second néologisme.

Conclusion

1. Bill Clinton, *Donner. Comment chacun de nous peut changer le monde*, Paris, Odile Jacob, 2007. Jean-François Mattei, *Humaniser la vie. Plaidoyer pour le lien social*, Paris, Florent Massot, 2009, avec, en exergue, une citation d'Henri Dunant : « Seuls ceux qui sont assez fous pour penser qu'ils peuvent changer le monde y parviennent ! »

2. Jean-Baptiste de Foucauld, *L'Abondance frugale, op. cit.*

REMERCIEMENTS

C'est avec une gratitude toute particulière que je remercie ceux qui m'ont fait l'amitié de relire cet ouvrage avant sa publication : Hervé Defalvard, Amartya Sen, Javier et Sylvie Teixidor, Georges Valentis. Leurs critiques et suggestions ont été précieuses et souvent essentielles. Celles de mon épouse Caroline ont été déterminantes. Je remercie également Odile Jacob pour son enthousiasme, sa confiance et ses conseils, Jean-Luc Fidel pour ses remarques particulièrement constructives et Gisèle Le Cabellec pour avoir mis en forme les nombreuses versions successives de ce texte.

TABLE

TROISIÈME PARTIE
Les conditions de la remédiation à l'échelle collective

QUATRIÈME PARTIE
Une nouvelle philosophie politique

DU MÊME AUTEUR
CHEZ ODILE JACOB

Le Temps de l'altruisme, 2009.
Du bon usage du principe de précaution, 2002.
Le Principe de précaution, avec Geneviève Viney, 2000.
La Science en partage, 1998.
Les Artisans de l'hérédité, 1987.

Cet ouvrage a été transcodé et mis en pages
chez NORD COMPO (Villeneuve-d'Ascq)

Achevé d'imprimer en avril 2011 sur rotative numérique Prosper
par l'Imprimerie Sagim à Courtry (Seine et Marne).

Dépôt légal : avril 2011
N°d'édition : 7381-2639-X
N° d'impression : 12334

Imprimé en France

L'imprimerie Sagim est titulaire de la marque
Imprim'vert® depuis 2004